パリのマルシェのレシピ

酒巻洋子

préface

　きれいにパックに入って整然と並ぶ食料品。そこには生産者も売り手の顔も見えず、直接匂いをかぎ、鮮度をよく見ることもできず、表示のみを目安にして買うのがいつのまにか当たり前の世の中になっています。その表示さえも信用できなければ、さて、なにを基準に食料品を買えばいいのでしょうね？

　フランスではマルシェ（市場）文化がまだ根強く残っており、パリでもあちこちでマルシェが開かれています。色とりどりの生鮮食品は、衛生がちょっと心配になるほどむき出しのまま、ゴロゴロと山積みで盛られ、通りを歩くだけでそれぞれの店のさまざまな匂いが漂ってきます。もちろん、郊外にある大型のスーパーマーケットなどに押されぎみではあるのですが、それでも人々は毎週末、マルシェに集まり、お気に入りのスタンドの前で列を作ります。ほとんどのお客さんがいつも通ってくる、常連さん。売り手のこと、売り手が扱う食材のことをよく知っている人々です。

　売り手にとっては、いつも朝一番にやってきて自分の人生を語るおばあちゃんがいたり、お互いにある程度のプライベートまで知っている仲だったりします。それは、人間同士のコミュニケーションで培ってきた信頼関係によるもの。暑くても、寒くても外での力仕事や立ちっぱなしの接客は、決して楽ではないはず。それでも、ここで働く人々はいろんな人間とふれ合えるマルシェが大好きなのです。マルシェがただの食品売り場ではなく、そんなコミュニケーションの場である限り、フランスからマルシェはなくならないでしょう。

　そこまで売り手と深い仲にならずとも、相手は食材のプロ！　私たちは無言で商品を選ぶのではなく、売り手になんでも聞くことができます。なかでも一番の楽しみは、その食材の食べ方を聞くこと。フランスの普通の家庭料理や自分の家のオリジナル料理など、新しいアイデアをもらえることウケアイです。

　というわけで、マルシェで働く人々に聞いてみました。

「簡単でおいしいレシピ、教えてください！」

sommaire

006 まずは知っておきたい パリのマルシェのこと
008 実際に行ってみよう！おもなパリのマルシェ

chapitre 1 　春レシピ

012 　ホワイトアスパラガス
八百屋のジャン・フランソワさん
〈レシピ〉ホワイトアスパラガスのヴィネグレットソース

016 　そら豆
八百屋のジョエルさん
〈レシピ〉そら豆入りライスサラダ

020 　シェーヴルチーズ
シェーヴルチーズ屋のシルヴィーさん
〈レシピ〉シェーヴル・ショーのりんごのせ

026 　子羊肉
肉屋のジャックさん
〈レシピ〉子羊の肩肉 ブーランジェール風

030 　鶏肉
鶏肉屋のパトリックさん
〈レシピ〉鶏肉のにんにく風味

034 　いちご
いちご屋のアリーヌさん
〈レシピ〉フレーズ・メルバ／いちごのワイン漬け

chapitre 2 　夏レシピ

042 　トマト
トマト屋のジャン・リュックさん
〈レシピ〉トマトとフェタチーズのサラダ
　　　　　トマト・ファルシ

048 　ズッキーニ
八百屋のセルジュさん
〈レシピ〉ズッキーニの花のベニエ／小さなズッキーニのサラダ
　　　　　ラタトゥイユ／セルジュ風定食

054 　にんにく
PTOA屋のムーサさん
〈レシピ〉にんにくスープ／じゃがいものグラタン

058 　紋甲いか
魚屋のシモンさん
〈レシピ〉紋甲いかのトマト炒め プロヴァンス風

062 　プルーン
八百屋のジャン・シャルルさん
〈レシピ〉プルーンのタルト／プルーンのコンポート

chapitre 3 　秋レシピ

070 　きのこ
きのこ屋のカリーヌさん
〈レシピ〉マッシュルームとフロマージュブランのディップ
　　　　　ジロールのバター炒め

076 　かぼちゃ
かぼちゃ屋のパトリシアさん
〈レシピ〉丸ごと栗かぼちゃのグラタン

080 　ワイン
ワイン屋のファビエンヌさん
〈レシピ〉ブフ・ブルギニヨン
　　　　　ホットワイン

086 　さば
魚屋のエルワンさん
〈レシピ〉さばのマスタード焼き

090 　栗
肉屋のスザンヌさん
〈レシピ〉栗のピュレ

chapitre 4　冬レシピ

098　牡蠣
　　牡蠣屋のフィリップさん
　　〈レシピ〉焼き牡蠣のねぎのせ／牡蠣のスープ・クリーム風味

102　チコリ
　　八百屋のブノワさん
　　〈レシピ〉チコリのサラダ、ホタテのマリネ添え
　　　　　　チコリのキャラメリゼ・レモン風味

106　ラクレット
　　サヴォワ地方専門店のナタリーさん
　　〈レシピ〉ラクレット
　　　　　　タルティフレット

112　ドライプルーン
　　ドライプルーン屋のステファンさん
　　〈レシピ〉豚肉のロースト・ドライプルーン風味

116　りんご
　　りんご屋のエマニュエルさん
　　〈レシピ〉農民風タルト／ノルマンディー風タルト

chapitre 5　おみやげレシピ

124　ゲランドの塩
　　塩屋のミッシェルさん
　　〈レシピ〉すずきのゲランドの塩包み焼き

128　オリーブ
　　オリーブ屋のジュルさん
　　〈レシピ〉タプナード
　　　　　　鶏肉のタジン・レモン風味

134　フォアグラ
　　フォアグラ屋のジャン・マリーさん
　　〈レシピ〉美食家サラダ

138　はちみつ
　　はちみつ屋のベルナールさん
　　〈レシピ〉パン・デピス

en savoir plus

038　マルシェで買い物ができる　カタコト・フランス語
066　買い物が楽しくなる　マルシェの必需品
094　フランス人は働き者？　マルシェのなが〜い1日
120　マルシェで見つける　季節のおいしい食材
142　マルシェで買いたい　オススメおみやげ

本書の注意事項
本文中に出てくるフランス語のビオロジック（略してビオ）とは、有機農法や無農薬栽培のことです。ビオで作られた原料が95％以上使用されている食品には、緑色のABマークがつけられています。／AOCとは、審査を通った食材だけが産地名を名乗れるという、原産地統制名称のことです。ラベル・ルージュとは、農産物につけられた赤いラベルのことで、AOCとともにフランス政府によって品質が保証されている製品につけられています。／鋳物製鍋とは、ル・クルーゼなどが代表する、フランス語でココットと呼ばれるものです。炒めたり、オーブンにもそのまま入れられるためオススメ。なければ厚手の鍋などで代用を。／ブーケガルニとは、ローリエ、タイム、パセリの茎などをねぎの青い部分で巻いて束にした、風味づけのハーブです。／レシピはフランスの食材で再現しています。できるだけ日本でも手に入りやすいものを使用していますが、食材の味わいに若干違いがあることをご了承ください。／データは2009年4月現在のものです。

まずは知っておきたい
パリのマルシェのこと

　現在、パリ内にマルシェは95カ所。そのうち68カ所が青空市場、13カ所が屋内市場の食料品がメインのマルシェで、残り14カ所が衣類や古本などの専門市場となっている。もっとも多い青空市場は、大きさも様態もさまざま。一番大きいといわれるのは11区、バスティーユのマルシェで約115ものスタンドが並び、大賑わい。一番小さいのは16区、ラミラル・ブリュイクスのマルシェで3つのスタンドしかなかったりする。

　広場、並木の下の広い歩道上、地下鉄の高架下など開かれる場所によって、その表情がガラリと変わるのもパリのマルシェの面白さ。どのマルシェも規模によって回数は異なるけれど、月曜休みで週に2、3回開かれるのが一般的。ただ、平日と週末では客の入りがまったく異なり、同じマルシェでも曜日によって雰囲気も賑やかさ度もぜんぜん違う。逆にいうと、のんびりとした平日のほうがお店の人とじっくり話ができるチャンスでも。

　時間帯によっても波があり、10時～12時がもっとも客の多くなるピーク。午後1時ごろになると生鮮食品の値段が下がったり、商品の売れ具合ですでに店じまいをしているところもある。週末ともなると各店、長蛇の列は必至だから、ピーク時間を避けて早めに行くか、安くなる終わりの時間を狙ったほうがいい。現在では、客のニーズに合わせて午後に開かれるマルシェもある。

　基本的に店を出す場所はそれぞれの市場を担当する管理人に、場所代を払って借りるもの。開かれる地区によっても、マルシェ内の位置によっても売り上げが異なるため、いい場所を確保するのは大変なこと。どの店も開かれる場所は変わらないけれど、曜日によって営業するスタンドが替わる場合もある。食料品のスタンドは週末のみが多く、平日、あいた場所には衣料品のスタンドが入

パリでもっとも大きいといわれるバスティーユのマルシェ。

地下鉄の高架下を使って設置されるグルネルのマルシェ。

ることも。また個人経営であるスタンドは、休みにするのもその店主次第。パリジャンが街からいなくなる7、8月のバカンス時期には3週間近く休みを取る人も多く、街同様マルシェも静かだ。

マルシェで食料品を扱う人々は、ランジス市場（P95）で買いつけるか、生産地で直接仕入れてくるのが一般的。少なくなってきてはいるけれど、生産者自らが売りにきているスタンドもある。生産者かどうかを見極めるには、まずスタンドの壁面にぶら下がっている店主の名前が書かれたプレートや、台の前面の垂れ幕などを見てみよう。"マレシェ(maraîcher)"や"プロデュクトゥール(producteur)"と書かれていれば、生産者のスタンドということ。なにも書いていなくとも、製品名などの書かれた段ボールではなく、木箱などで食材が置かれている場合は、生産者である可能性が高い。

移民の街、パリを象徴するように、マルシェで働く人々も多民族になるばかり。区によってその割合は異なり、パリの北東地区、12、18、19、20区のマルシェは売り手も買い手もアラブ系やアフリカ系の人々が多く、パリとは思えない異国の雰囲気満点。高級住宅地である16区はお金持ちが多く、やっぱりマルシェもシックで質も値段も高い。そのほかの地区でも八百屋、果物屋はとくにアラブ系やアジア系のスタンドが半分を占めており、スタンドによっては値段が安いながら、よく見ると質もそれなりだったりするところも多い。とはいえ、見るからに食材の鮮度が違う生産者やビオ野菜のスタンドは、通常よりも3割程度値段が高いのが当たり前。一般庶民にとっては、いつも買うことのできるものではないのだ。普段の食料は安く購入したとしても、季節ならではのとっておきの食材ぐらいは奮発して、生産者のスタンドのものを味わいたいものである。

三角形の広場で開かれるポワン・デュ・ジュールのマルシェ。

並木の下のラスパイユのマルシェは、中くらいの大きさ。

実際に行ってみよう！
おもなパリのマルシェ

勝手に私が居心地のいいと思うマルシェは
店の人もお客さんも一体になった空気感があるところ。
お店の人と話していると、隣や向かいの店の人が
口を出してきたり、居合わせたお客さんも会話に参加してきたり、
そこはまるで小さな村のよう。本書で紹介した人々は、
そんな温かな村の住人たち。どこも9時〜13時ごろまでやっています。

※Ⓜは最寄りのメトロの駅と路線番号、RERは最寄りの高速郊外線の駅と路線番号、SNCFは最寄りの国鉄の駅です。

ラスパイユのマルシェ (marché Raspail)
ラスパイユのビオマルシェ (marché biologique Raspail)

6区

サンジェルマン・デ・プレに近く、もっとも観光客に人気のマルシェはココ。
日曜のビオマルシェは17区のバティニョールのビオマルシェと、ほぼ同じスタンドが並ぶ。
ラスパイユの大通り中央の並木の下で開かれ、通路が狭いのが難。人が少ない平日のマルシェもオススメ。

Bd. Raspail上、Rue du Cherche-Midi と Rue de Rennes のあいだ
Ⓜ Rennes ⑫、Sèvres Babylone ⑩⑫　火曜、金曜／日曜のみビオ専門

サクス・ブルトゥイユのマルシェ (marché Saxe-Breteuil)

7区

エッフェル塔が一直線に見えるサクス大通りの、広い遊歩道で開かれる。
官庁街、高級住宅地のイメージ通り、2本の通路になった広いマルシェはゆったりとした様子。
ココでお昼ごはんを買ってエッフェル塔まで歩き、シャン・ドゥ・マルス公園でランチ、いち押しコース。

Av. de Saxe上、Pl. de Breteuil と 17番地のあいだ
Ⓜ Ségur ⑩、Sèvres Lecourbe ⑥　木曜、土曜

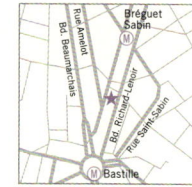

バスティーユのマルシェ (marché Bastille)

11区

みんなが口を揃えていう、パリでもっとも賑やかでもっとも大きいマルシェには日曜に行くべし。
リシャール・ルノワール大通りの真ん中の広い遊歩道に3本の通路で開かれる。
店と人の猛烈な多さは、マルシェの勢いを楽しむのにもってこい。本書で紹介した多くのスタンドが集まる。

Bd. Richard-Lenoir上、Rue Amelot と Rue Saint-Sabin のあいだ
Ⓜ Bastille ①⑤⑧、Bréguet Sabin ⑤　木曜、日曜

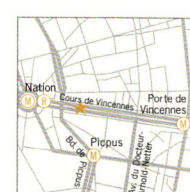

クール・ドゥ・ヴァンセンヌのマルシェ (marché Cours de Vincennes)

12区

ナシヨン広場から延びる、クール・ドゥ・ヴァンセンヌ通りの右手の広い歩道上。
土曜には生産者のスタンドが多く並び、新鮮な野菜や果物がうず高く積み上げられ、活気に溢れる。
歩いても、歩いてもなかなか端にたどり着かない、長〜いマルシェ。

Cours de Vincennes上、Bd. de Picpus と Av. du Docteur-Arnold-Netter のあいだ
Ⓜ Nation ①②⑥⑨ RER Ⓐ、Porte de Vincennes ①　水曜、土曜

グルネルのマルシェ (marché Grenelle)

15区

地下鉄6番線、ラ・モット・ピケ・グルネルの駅の高架下に位置する、独特な空気があるマルシェ。
パリの庶民的な住宅地で、商店街のコメルス通りにも近く、その賑わいはこの界隈のマルシェではピカイチ。
外にありながら屋根つきのため、雨の日でも安心して買い物ができる。

Bd. de Grenelle上、Rue de Lourmel と Rue du Commerce のあいだ
Ⓜ La Motte-Piquet Grenelle ⑥⑧⑩、Dupleix ⑥　水曜、日曜

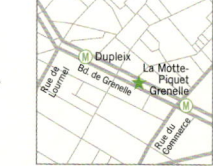

グロ・ラ・フォンテーヌのマルシェ（marché Gros-La-Fontaine）

メトロの駅からちょっと遠いけれど、道の歩道で開かれる小さな村のようなマルシェ。16区の品のいい地区にありながら、お店の人と話していると、ほかのお客さんも参加してくるアットホームさがいい。地元密着型のマルシェをのんびり楽しみたい人にもってこい。

Rue Gros と Rue La Fontaine の角
Ⓜ Ranelagh ⑨、RER Av. du Président Kennedy-Maison de Radio France Ⓒ　火曜、金曜

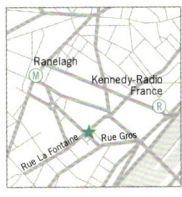

プレジダン・ウィルソンのマルシェ（marché du Président Wilson）

パリの中で一番シックなマルシェはココ。パレ・ドゥ・トーキョーやオスマン様式の高級アパルトマンが並ぶ、プレジダン・ウィルソン大通りの並木の下で開かれる。秋になるとジビエが山盛りになって売られ、扱う食材もほかのマルシェとちょっと違う、高級なものが揃う。

Av. du Président-Wilson 上、Rue Debrousse と Pl. d'Iéna のあいだ
16区　Ⓜ Alma-Marceau ⑨、Iéna ⑨　水曜、土曜

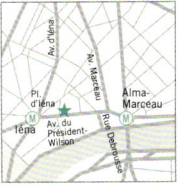

ポルト・モリトールのマルシェ（marché Porte Molitor）

ポルト・モリトール広場の右手の歩道とミュラ大通りの角にある小さなマルシェ。パリをぐるりと囲む外周道路に近く、パリの端っこにありながら、いつも朝早くからお客さんの姿が。生産者の小さなスタンドが多く、地元の人々で賑わうなごやかな雰囲気が楽しめる。

Pl. de la Porte Molitor と Bd. Murat の角
Ⓜ Michel-Ange Molitor ⑨⑩、Exelmans ⑨　火曜、金曜

ポワン・デュ・ジュールのマルシェ（marché du Point-du-Jour）

ポルト・ドゥ・サン・クルーの駅から見てヴェルサイユ大通りの右手から始まり、ル・マロワ通りとのぶつかったところにある三角広場まで開かれる。平日はのんびりムードが漂い、店の人と話していると縁側で茶を飲んで世間話をしているような錯覚に陥るほど。

Av. de Versailles 上、Rue Le Marois と Rue Gudin のあいだ
Ⓜ Porte de Saint-Cloud ⑨　火曜、木曜、日曜

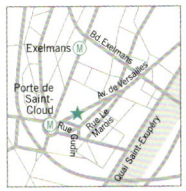

バティニョールのビオマルシェ（marché biologique des Batignolles）

独断と偏見で、私が一番好きなマルシェ。バティニョール大通り上の真ん中の広い遊歩道に開かれ、ラスパイユよりもスペースにゆとりがあるところがポイント高し。店の人々同士も和気あいあいとした感じで、写真を撮っていると周りから茶々を入れられる、村の感じ満点。

Bd. des Batignolles 上、Rue du Mont-Doré と Rue Darcet のあいだ
17区　Ⓜ Place de Clichy ②⑬、Rome ②　土曜

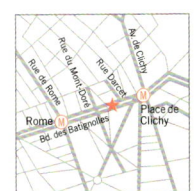

ノートルダムのマルシェ（marché Notre-Dame）

ヴェルサイユ宮殿を見に、パリ郊外にあるヴェルサイユの街にきたのならば、ぜひマルシェにもお立ち寄りを。屋内市場の建物に囲まれた四角い広場で開かれる青空市場には、パリとは異なる、郊外の住宅地の落ち着いた雰囲気がある。屋内市場の昔ながらの内装も必見。

Pl. du Marché Notre-Dame Versailles 78000
SNCF Saint-Lazare 駅から Versailles Rive Droite 駅行、下車徒歩5分
RER Ⓒ Versailles Rive Gauche 駅行、下車徒歩10分　火曜、金曜、日曜

パリ郊外・ヴェルサイユ

地方生産者のマルシェ（marché des Producteurs de Pays）

毎年12月に開かれる、地方各地からやってくる生産者のマルシェ。アンティークショップが並ぶ、ヴィラージュ・サンポール内の石畳の中庭で開かれるため、通常のマルシェとは違う趣がある。12月だけではなく、場所を変えて定期的に行われているので、ぜひサイトをチェックして。

Village Saint-Paul 内
Ⓜ Saint-Paul ①、Pont Marie ⑦　URL：www.marches-producteurs.com

クリスマス市・4区

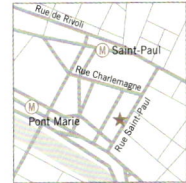

chapitre 1　春レシピ

暗くて寒くて長〜い冬がようやく終わり、
どんどん日が延びていくうれしい季節がやってきた。
街を行くパリジャンたちも顔がほころび、鼻歌を歌い出す。
地中から我先にと飛び出した元気いっぱいの食材を求めて、
さあ、春のマルシェへ繰り出そう！

asperge blanche
ホワイトアスパラガス

マルシェで見かけるアスパラガスは大きく分けて3種類。
白色の"アスペルジュ・ブランシュ（asperge blanche）"、
全体が白く先端だけが紫色、または全体が紫色がかった
"アスペルジュ・ヴィオレット（asperge violette）"、緑色の"アスペルジュ・ヴェルト（asperge verte）"。
3月〜6月ごろに出回り、真っ白いものがもちろん一番値段が高い。

「春の代名詞、真っ白なアスパラガスは、とろけるような食感と上品な味わいが楽しめるよ」
——八百屋のジャン・フランソワさん

■ ジャン・フランソワさんのスタンド
6区：ラスパイユのマルシェで金曜／Ⓜ Rennes側から見て真ん中あたりの右側。　12区：クール・ドゥ・ヴァンセンヌのマルシェで土曜／Ⓜ Nation側から見て真ん中あたりの右側。
11区：バスティーユのマルシェで日曜。

柔らかくなった日差しに照らされて、白く輝くホワイトアスパラガスをあちこちのスタンドで見つけるようになると、パリにもようやく春が訪れた合図。ホワイトアスパラガスとひと言でいっても、店によってその表情はさまざまで、真っ白なもの、紫がかったもの、ひょろりと細いもの、極太なものなど、状態によって値段もピンキリ。たいていは1、2種類ほどのアスパラガスを扱う店が多いなか、6段階に値段を分けて微妙に異なるアスパラガスを売っているスタンドを見つけた。やたらに愛想がいい感じでもなく、黙々と仕事をこなすムッシューに恐る恐る声をかけてみると、話好きなお茶目な人で拍子抜けする。

ジャン・フランソワさんが毎週新鮮な野菜やフルーツをパリに運んでくるのは、ノルマンディー地方、カルヴァドス県のイギリス海峡近くから。1人で切り盛りするスタンドは大きすぎず、小さすぎず。木箱のまま無造作に置かれた不揃いで元気いっぱいの野菜たちは、まさに自家製の趣。子供のころ、小鳥を売り出したのがマルシェ歴の始まりというから、根っからのマルシェの商売人だ。「アスパラガスは緑色も白色も基本的には同じもの。日の光を浴びないように地中で育てるから白くなるだけ。だから真っ白で収穫するには、毎日、土がかぶっているか丹念にチェックしないといけない。アスパラガスの頭がちょっとでも外に出ると、途端に色が変わっちゃうんだ」。

よく見てみると先端の紫色の範囲もまちまちながら、紫から緑色に変わっているものもある。でも、その状態によって値段も約3倍くらい異なるから、庶民にとっては思案どころ。「もちろん味わいは真っ白なものが繊細でやわらかく、ダントツだけれど、紫がかったものもまた違う味が楽しめるよ。ほのかに香りや苦味が出て、緑と白の中間の味といったところかな」。

う〜ん、紫がかったアスパラガスもなかなか捨てがたいけれど、やっぱりまずは真っ白な、とろりと甘〜いホワイトアスパラガスで、春の訪れを祝いましょうか。

asperge violette

asperge verte

asperge blanche

新鮮な野菜やフルーツが木箱のまま置かれており、まさに産直らしい風情。マルシェといえども季節感が薄くなってきたなかで、ジャン・フランソワさんのスタンドは素材の旬がしっかり感じられる。30種類近く揃う、お手製の手作りジャムも大人気。

ジャン・フランソワさんの
ホワイトアスパラガスを使ったレシピ

asperges blanches à la vinaigrette

ホワイトアスパラガスの
ヴィネグレットソース

材料（4人分）
ホワイトアスパラガス……1kg
好みのハーブ（ローリエ、パセリなど）……各適量
塩、こしょう……各少々
あればイタリアンパセリ……適量
〈ヴィネグレットソース〉
　　ワインビネガー……大さじ2
　　マスタード……大さじ1
　　塩、こしょう……各少々
　　オリーブ油……大さじ6

作り方
1. アスパラガスは根元を2cmほど切り、穂先から根元に向かって皮をむき、紐などで縛って束にする。
2. 鍋にたっぷりの水を入れ、好みのハーブ、塩、こしょうを加える。
3. ②に①を根元を下に立てて入れ、火にかけて水から茹でる。
4. ③が沸騰したら約20分茹でる。
5. アスパラガスの根元に包丁がすっと入るようになったら、取り出して水気をきる。
6. ヴィネグレットソースを作る。ビネガー、マスタード、塩、こしょうを混ぜ、オリーブ油を少しずつ加えながらよく混ぜ合わせる。
7. ⑤を温かいうちに、または好みで冷やして器に盛る。あればパセリを飾り、⑥をかけていただく。

ヴィネグレットソースはホワイトアスパラガスの味をシンプルに味わう、典型的なフランス流の食べ方。アスパラガスは根元を下にし、立てて茹でるのが、やわらかい穂先を崩さずに茹であげるコツ。茹で時間はアスパラガスの状態や、お好みで加減を。茹でたアスパラガスは、湯せんに生クリーム、卵黄を混ぜながら温め、レモン、塩、こしょう、シブレットを混ぜたソースをかけたり、アレンジはご自由に。

fèvette
そら豆

フランス語でそら豆は"フェーヴ (fève)"で、小さなそら豆を
"フェヴェット (fèvette)"と呼ぶ。でもこの2つは種類が異なり、
フェヴェットがいくら大きくなってもフェーヴにはならないとのこと。
やさしい味のフェヴェットは薄皮ごと生で食べられ、
粗塩やバターをつけてシンプルに味わっても。季節は5、6月。

「小さなそら豆は
まずは薄皮ごと生で食べて、
繊細な風味を
ダイレクトに味わって」
——八百屋のジョエルさん

■ ジョエルさんのスタンド
16区：グロ・ラ・フォンテーヌのマルシェで火曜、金曜／Rue La FontaineからRue Grosを下った左側の一番端。 16区：プレジダン・ウィルソンのマルシェで水曜、土曜／Ⓜ Iéna側から見てメトロ寄りの右側。 URL：joelthiebault.free.fr

パリの八百屋のスターといえば、この人、ジョエルさん。パリの西隣、イヴリーヌ県から運ばれてくる野菜たちは、まさに隣の庭から持ってきたような採れたてほやほや。この地で1873年より農業を営む家に生まれたジョエルさんは、生粋の野菜栽培者。約20ヘクタールもの土地を耕し、栽培するハーブや野菜はなんと1600種類。スタンドを見回すと、白や紫色のピーマン、赤や黄色のふだん草など、見たこともないカラフルな野菜がずらりと並んでいる。それらの多くはフランス語で"忘れられた野菜"と呼ばれる、今や栽培されなくなった昔ながらの野菜たち。未知なる味わいや食感、香りを求めて、好奇心旺盛なジョエルさんによって探し出され、再び日の目を見ることができた、幸運な野菜たちでもあるのだ。と、見慣れない食材のあいだに、馴染み深い日本の野菜、春菊を発見！

「日本人のお客さんも多いから、要望に応じて水菜も作っているんだよ。コントラストの強い気候や土壌などの違いで、日本とは同じ味にならないのが面白いんだけどね」。野菜栽培者を訪れ、京都に行ったことのあるジョエルさん。味の探求は海を越え、とどまるところを知らない。そんなジョエルさんが発掘する野菜たちに触発されているのは、レストランのシェフたち。この日もスタンドの裏を我が菜園のように歩き回り、食材を調達しているシェフの姿がちらほら。

そんなジョエルさんにとって春の代表的な野菜といえばそら豆。なかでもフェヴェットは繊細な味が楽しめるとお気に入り。そのまま生で噛みしめると、小さな粒からは春の香りとともに、そら豆特有の苦味が微かに踊り出す。「最近、よく食べているのはそら豆のライスサラダだけれど、ドレッシングはなんだったかな？ ねぇ、なにがいいと思う？」と、ジョエルさんがその場にいたシェフをつかまえて指導を請うと、すぐさま料理談義に花が咲く。

ジョエルさんの新鮮野菜を買い、居合わせたシェフにレシピを聞く。これぞ、とびきり贅沢なパリのマルシェの使い方。

ピエール・ガニエール、アントワーヌ・ウェステルマンなど、そうそうたるシェフがジョエルさんの野菜とコラボレートする本、『レギューム・ドゥ・ジョエル』は必見。ジョエルさんのスタンドには、試してみたくなるカラフルで不思議な野菜がいっぱい。高級住宅地の16区のマルシェには、運転手つきハイヤーでやってくるマダムの姿も！

fèvette

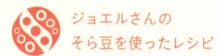

ジョエルさんの
そら豆を使ったレシピ

salade de riz aux fèvettes
そら豆入りライスサラダ

材料（4人分）
小さなそら豆（なければ普通のそら豆）……正味100g
さやいんげん……100g
塩……適量
ねぎ（白い部分）……小1、2本
オリーブ油、白ワイン……各適量
米……200g
塔花（なければミント、タイム）……適量
〈バルサミコドレッシング〉
　　バルサミコ酢……大さじ2
　　マスタード……大さじ1
　　塩、こしょう……各少々
　　オリーブ油……大さじ4
〈レモンドレッシング〉
　　レモン汁……1/2個分
　　塩、こしょう……各少々
　　オリーブ油……大さじ4

作り方
1. そら豆はさやから出し、たっぷりの熱湯に塩を加えて好みのかたさに茹で、水気をきって薄皮をむく。
2. さやいんげんはへたを取って1cm幅に切り、たっぷりの熱湯に塩を加えて好みのかたさに茹で、水気をきる。
3. ねぎは1cm幅のぶつ切りにし、フライパンにオリーブ油を熱してさっと炒め、ワインを軽く振って蒸す。
4. 米はたっぷりの熱湯でかために茹で、水気をきる。
5. 好みのドレッシングの材料を混ぜ合わせる（P14⑥参照）。
6. ボウルに①～④を入れて塔花を散らし、⑤をかけて混ぜ合わせる。

普通のそら豆よりも小さめのフェヴェットは、さっと茹でるだけで充分。小さいものは薄皮をむかなくてもそのまま食べられ、苦味が味のアクセントにもなる。お米を野菜のように副食として食べるフランスでは、ライスサラダはポピュラーな食べ方。バルサミコドレッシングは、コクのある味わいに仕上げたいときに、さっぱりと食べたければ、レモンドレッシングでどうぞ！

🏪 シルヴィーさんのスタンド
<u>17区</u>：バティニョールのビオマルシェで土曜／Ⓜ Rome側から入った右側の通りの左側2軒目／3月〜10月のシェーヴルチーズの季節のみ。

「山羊が青い牧草を食べる春は、チーズの風味も格別よ」——シェーヴルチーズ屋のシルヴィーさん

fromage de chèvre
シェーヴルチーズ✺

山羊のミルクで作られる、シェーヴルチーズ。フランス各地さまざまな種類があるが、なかでもシェーヴルチーズの産地として名高いのは、中央部のサントル地方。木炭をまぶした円形の"セル・スュル・シェール (Selles-sur-Cher)"、藁が真ん中に通してある細長い円筒形の"サント・モール・ドゥ・トゥレーヌ (Sainte-Maure de Touraine)"などがこの地方の有名なAOCチーズ。

fromage de chèvre

この日は雪がちらつく寒〜い朝。外で立ちっぱなしのマルシェの仕事は本当に大変。とっても小さなシルヴィーさんのスタンドだけれど、お客さんがひっきりなしに訪れる。ずらりと並んだ白いチーズは、まるで小さなケーキのよう。ショーケースの上には野花が飾られ、女性らしい心遣いも。

　順番を待つ人々の垣根で覆われ、見過ごしてしまいそうなほどの小さな店。幅2mほどのショーケースの中には、かわいらしい小さなシェーヴルチーズがぎっしりと並んでいる。眩しいほどに白く輝くチーズに見とれていると、小柄な女性が笑顔で試食を勧めてくれた。真っ白なフレッシュチーズは、口に含めばミルクの風味を残してふわりと消えてしまうほどやさしい味わい。

　パリから160km南に下ったサントル地方、ロワール・エ・シェール県から、毎週パリに自家製シェーヴルチーズを運んでくるのは、若き酪農家のシルヴィーさん。90頭いる山羊たちはみんな、広い牧草地でのびのび暮らし、化学肥料なしの自家栽培の飼料で飼育される健康優良児。そんな元気いっぱいの山羊たちが出すミルクは、シルヴィーさんの手によって、シェーヴルとは思えないほど匂いの少ない穏やかな味のビオのチーズに変身させられる。2月に赤ちゃんを産んだ山羊からミルクを搾り始めるのは2月末。4月〜6月がもっともミルクが多く採れ、量を減らしながら12月まで搾乳期は続く。そのあいだは毎日、乳を搾り、チーズ作りに精を出すというシルヴィーさん。「春は、山羊たちが牧草地の青々とした草を食べるため、香りのある風味豊かなチーズができるの。搾乳期の終わりはミルクの量が少なくなるぶん、味が濃くなるのよ。したがって季節によって異なる味わいが楽しめるというわけ」。

　カードの水気をきって成形しただけのフレッシュな"フレ"から5、6週間熟成させた"セック"まで、熟成の段階によってもさまざまな味わいが楽しめるシェーヴルチーズ。カビの入り具合を見定めながら、シルヴィーさんは客の要望に合うチーズを選んでいく。「シェーヴルチーズは3、4カ月だって熟成できるのよ。味はかなり強いけれど好きな人は好きよね」。シェーヴルチーズの微妙な熟成の違いは、シルヴィーさんに聞くべし！だ。

シルヴィーさんのスタンドにある
シェーヴルチーズの種類

frais
フレ
カードの水気をきり、塩を加えて成形しただけの熟成させていないもの。水気をきった状態で、容器に入って売られているものは"フェセル(faisselle)"という。

moelleux
モワルー
約10日間熟成させたもので、クリーム色がかった表皮に、うっすらと白カビや青カビができてくるころ。内部にはまだ山羊のミルクの風味が残っている状態。

demi-sec
ドゥミ・セック
約3週間熟成させたもの。5、6週間熟成させたものは"セック(sec)"と呼ばれる。時間が経つほど乾燥してコンパクトになり、匂いも味わいも強くなっていく。

cendré
サンドレ
表皮に木炭をまぶして熟成させたグレーがかったもの。木炭が独特の風味やカビをプラスするのにひと役。ギョッとする見た目だけれど、周りの炭もすべて食べられる。

bûche
ビュッシュ
細長い円筒形のものは"薪"と呼ばれる。円形のチーズの約2倍量のミルクを使うため、中はクリーミーに仕上がる。石畳のような四角形のものは"パヴェ（pavé）"という。

pyramide
ピラミッド
名の通りピラミッド型のもの。形に厚みがあり、大きいものほど熟成に時間がかかるため、中のクリーミーさを長時間楽しめる。形によって味わいも変わるというわけ。

熟成期間や形によって、さまざまな名前がつけられているシェーヴルチーズ。それぞれの特徴を教えてもらい、いろんな味を試してみよう。

bouchon / galet
ブション／ガレ
ワイン栓や小石のような形をした、ひと口サイズの小さなチーズ。小さいということは、より早く乾燥した状態に仕上がるということ。アペリティフにもってこい。

trèfle
トレフル
数年前に、サントル地方のチーズ生産者たちによって作り出された、比較的新しいチーズ。四つ葉のクローバーを模った形が楽しい。木炭がまぶしてある。

chèvre aux herbes
シェーヴル・オー・ゼルブ
シルヴィーさんのお店ではハーブやスパイスをまぶしたフレッシュチーズも扱う。クミン、オールスパイス、乾燥させたトマトをまぶしたプロヴァンス風など、風味いろいろ。

chèvre chaud sur pomme

シェーヴル・ショーの
りんごのせ

材料（2人分）
丸いシェーブルチーズ……1個
りんご（酸味のある身の締まったもの）の輪切り……2切れ
オリーブ油……適量
好みのハーブ（プロヴァンスハーブ、タイムなど）……少々
好みでこしょう……少々
サラダ……適量

作り方
1. オーブンは180度に熱しておく。
2. シェーヴルチーズは厚みを半分に切る。
3. チーズと同じくらいの厚みに切ったりんごを耐熱皿に置き、それぞれにチーズをのせる。
4. オリーブ油をかけ、好みのハーブを散らし、好みでこしょうを振る。
5. オーブンに入れ、りんごに火が通り、チーズが溶けるまで約10分焼く。
6. 器に盛り、サラダを添える。

一般的に、トーストの上にシェーヴルチーズをのせて焼いた料理が"シェーヴル・ショー"。それをりんごでアレンジするのがシルヴィーさん流。使ったチーズは"モワルー"だけれど、もちろん熟成度はお好みで選んで。シェーヴルチーズの丸い形を利用すれば、あっという間にかわいらしい前菜のできあがり！ オリーブ油の代わりに、はちみつをかけて焼いてもおいしい。

agneau
子羊肉

生後12カ月未満の子羊が"アニョー(agneau)"で、3カ月ごろまでの
乳離れしない子羊は"アニョー・ドゥ・レ(agneau de lait)"と呼ばれる。
バスク地方の伝統的な"アニョー・ドゥ・レ・デ・ピレネー(agneau de lait des Pyrénées)"は
生後45日未満で、ミルクのみで育てられたものを指す。
乳飲み子羊肉は通常の子羊肉よりもピンク色のやわらかい肉質で、匂いも味も穏やか。

「高地の春の草を食んだ乳飲み子羊肉は、独特な香りのあるやわらかい肉質だよ」
——肉屋のジャックさん

■ ジャックさんのスタンド
17区：バティニョールのビオマルシェで土曜。6区：ラスパイユのビオマルシェで日曜／Ⓜ Rennes側から見て真ん中あたりの左側。
5区の店舗：BCB／住70, rue Claude Bernard 75005 Paris 電01 43 31 12 95 営月曜15時30分〜19時30分、火〜金曜9時〜19時30分、土曜9時〜13時30分 休日曜

黄色い地にBCBの赤い文字が目印のジャックさんのスタンド。店舗よりもマルシェのいいところは、短時間で集中して仕事ができることだとか。店舗もマルシェでも、働きすぎじゃないの？と聞くと、笑顔で「それが楽しいんだ」とフランス人らしからぬお言葉。肉加工品やお惣菜も充実。

豚肉、牛肉と並んでフランスで日常的に食されているのが子羊肉。とくに、春分後の満月の次の日曜日に行われる復活祭では、お祝いのメイン料理になるのが一般的で、春の到来を示す象徴的な食材だ。「春は子羊が生まれる季節であり、乳飲み子羊肉が出回る時期でも。母羊の豊かなミルクを飲みながら、標高1100〜1400mの牧草地の春の草を食んだ子羊は、独特の香りのある肉質に仕上がるんだ」と説明してくれるのは、ビオ専門の肉屋を営むジャックさん。

5区に店舗も持つ彼の扱う牛肉はすべて、ノルマンディー地方、オルヌ県で酪農を手掛ける兄弟2人から届く、100％ビオのもの。広大な牧草地で育ち、自家製の飼料で飼育された牛肉は、さらにABマークつきの他材料とともに、肉加工品や惣菜にされる。環境の違いで羊の飼育は行っていないけれど、オーヴェルニュ地方から届く子羊肉の品質の高さも保証つき。"食材は、生産地から食卓にたどり着くまで完全にコントロールされるべき"をモットーに、36年に渡って安全な食品をパリジャンたちに提供し続けてくれるお人というわけ。

「春のやわらかい子羊肉はシンプルに味わうのが一番。肩肉とじゃがいもを一緒にじっくり焼いて肉汁を染み込ませた、ブーランジェール風がいいんじゃないかな？子羊肉のなかでも、とくに肩肉は、丁寧に下処理するのがおいしく仕上げるポイントなんだ。皮や脂、筋をきちんと取り除くと、できあがりの口当たりがまるっきり違ってくるよ」。部分によって異なる味わいが楽しめるのも骨つき肩肉の持ち味。骨の周りは筋肉質で噛めば噛むほど旨みのある部分、つけ根はやわらかい肉質が楽しめる部分。と説明しながら、目の前で素早く包丁を操り、的確に肩肉を処理していくジャックさん。そんなに一度にいろんなことをいわれてもできないよ、と嘆いたら、「これはプロに任せるしかないね！」とひと言。

はい、すべてオマカセします。

agneau

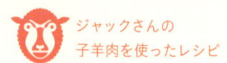
ジャックさんの
子羊肉を使ったレシピ

épaule d'agneau boulangère
子羊の肩肉 ブーランジェール風

材料（4〜5人分）
子羊の肩肉……1.3kg
じゃがいも……1kg
玉ねぎ……中2個
サラダ油……少々
塩、こしょう……各適量
ナツメグ、タイム……各少々

作り方
1. オーブンは170〜180度に熱しておく。
2. じゃがいもは皮をむき、薄く切って水にさらし、水気をきる。
   玉ねぎは薄切りにする。
3. 耐熱皿、または鋳物製鍋にサラダ油を薄く引く。
   最初にじゃがいもを敷き、続いて玉ねぎ、じゃがいもと交互にのせる。
   それぞれに塩、こしょうを軽く振り、最後に水約200mlを注ぐ。
4. 肩肉に軽く塩、こしょう、ナツメグを振り、
   ③の上に皮側を下にしてのせ、タイムを散らす。
5. 鍋に入れた場合はふたをせず、④をオーブンに入れて約30分焼く。
6. 途中で⑤を取り出し、肩肉をひっくり返して残り15〜30分焼く。
7. 肉が焼けたら取り出し、肩肉は骨を持ち、骨と垂直方向に薄切りにし、
   じゃがいもとともに器に盛る。

パンを焼いたあとの窯に入れて余熱でゆっくりと焼いたことから、ブーランジェール（パン屋風）の名前がつけられたとのこと。肩肉の大きさや焼き具合の好みによって焼き時間は45分〜1時間ほどで加減して。じゃがいもに完全に火が通っていなければ、肉を取り出したあと、さらにオーブンに入れて焼く。肉と一緒につけ合せもできちゃうお手軽メイン！

「屋外で120日間、のびのびと育てられた鶏肉は、弾力があり、旨みもバツグンだよ」
——鶏肉屋のパトリックさん

▶ パトリックさんのスタンド
17区：バティニョールのビオマルシェで土曜／Ⓜ Place de Clichy 側から入った右側の通りの左側2軒目。

poulet
鶏肉

鶏舎のケージの中ではなく、放し飼いで育てられた鶏肉は"プレ・フェルミエ（poulet fermier）"の表示がある。赤いマークのラベル・ルージュがついたものは、政府によって品質を保証された鶏肉。
唯一、AOCの呼称が許されているのは、ローヌ・アルプ、ブルゴーニュ、ジュラの3つの地方にまたがる地域で飼育されるブレス産"プレ・ドゥ・ブレス（poulet de Bresse）"のもの。

　1羽まるごとで鶏肉が売られていることの多いフランス。たまに頭までついた、まぶたを閉じてぐっすり眠っているような状態の鶏肉に出会い、肉食の国ではこういうモノに食欲をそそられるのか、と勝手に感心していた。「頭つきなのは鮮度のよさの証明なんだ。トサカがふっくらしていて、きれいなピンク色であるほど、新鮮である証拠なんだよ」と説明してくれるのは、ビオの鶏肉を売るパトリックさん。昔は足もつけて売られており、スープなどにして食べていたとのこと。そばで見ていると、「頭は切り落として」と頼む客が圧倒的に多い。現代のフランスでは、さすがに頭まで好んで食べる人は少ないよう。

　客の注文にしたがって、半分や部位ごとなどに手早く鶏肉を切り分けていくパトリックさんだが、以前はなんとノルマンディー地方で某石油企業に勤める化学者だったという。その"反動"で、有機農業を営む自然の中での生活を求め、南西部のロト・エ・ガロンヌ県へ移住したのが10年前。まったくのゼロから始めた試行錯誤の養鶏だった。今では毎週末、約50羽の鶏肉とともに8時間かけてパリにやってくるという。今回出会ったマルシェで働く人々の中で、一番パリから遠くに住む生産者だ。

　化学肥料を使わず栽培した飼料で、屋外で育てられるビオロジックの鶏肉。鶏舎の中で閉じ込められて飼育されるものとは異なり、穏やかな気候の中、野原をのびのびと動き回る春から夏にかけてが、味わい深くなる季節でも。45日ほどで出荷される通常の鶏肉よりも、最低120日飼育された鶏肉は肉厚で、肉質も締まり、旨みも増すという。「鶏肉は性別によって肉のつき方が違うんだよ。もも肉が好きなら雄鶏肉の筋肉質で大きなもも肉を、胸肉が好きならば雌鶏肉の厚みのある胸肉を選ぶんだ」。スーパーのパック売りではわからない、そんな微妙な肉質の差で選んでもらえるのも、生産者が営むマルシェならではの醍醐味だ。

　頭つきまるごとの鶏肉は、スタンドの横でこんがりとしたローストチキンにも変身させられる。好みの大きさの肉を選んで焼いてもらうことも可能。ビオロジックのニワトリが産む卵はもちろんのこと、ウサギ肉や自家製のジャム、パトリックさんの住む町の名産、ドライプルーンなども売る。

poulet

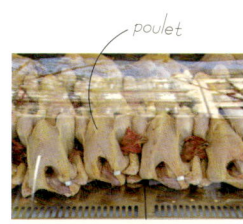

パトリックさんの
鶏肉を使ったレシピ

poulet à l'ail
鶏肉のにんにく風味

材料（4人分）
鶏肉……1羽（約1.5kg）
オリーブ油……大さじ1
バター……90g
にんにく……15片
トマト……2個
ワインビネガー……250ml
トマトペースト……大さじ1
ブーケガルニ……1束
チキンブイヨン……250ml
塩、こしょう……各適量
あればイタリアンパセリ……適量

作り方
1. 鶏肉はほどよい大きさに切り分け、塩、こしょうを振る。片手鍋にオリーブ油、バター30gを熱して鶏肉を入れ、全体がこんがりするまで15分ほど焼く。
2. ①ににんにくを皮つきのまま加え、水少々を注いでふたをし、弱火で約20分蒸す。
3. トマトはざく切りにする。
4. ②のふたを取って火を強め、ビネガーを回しかけてフツフツしている状態で酸味を飛ばすように煮る。トマトペーストを加えて混ぜ合わせ、③、ブーケガルニを入れてふたをし、弱火で約15分煮る。
5. ④から鶏肉を取り出し、冷めないようにしておく。煮汁にブイヨンを加えて火を強め、混ぜながら煮立たせる。酸味が残っていたら、酸味を飛ばすように煮詰める。
6. ⑤を弱火にして鍋を動かしながら、残りのバターを少しずつ加えていき、とろみをつける。味をみて塩、こしょうで味を調える。
7. ⑥に鶏肉を戻してソースとからめ、器に盛ってあればパセリを飾る。

にんにくをたっぷり使うのが、パトリックさんの住む、南西地方料理の特徴のひとつ。鶏肉はまるごとでなければ、好みの部位を人数分揃えて。最後に加えるバターは鍋を揺すりながら少しずつ加えてソースにツヤととろみをつける、"モンテ"と呼ばれるフランス料理の技。ちょいとひと手間かけて、ソースを楽しむ本格フレンチの味をお試しあれ。

■ アリーヌさんのスタンド
7区：サクス・ブルトゥイユのマルシェで木曜、土曜／4月〜11月ごろのいちごの季節のみ／ジュルさんのオリーブ屋(P128)の右隣。

「香り豊かで甘〜いいちごは、異なる種類と味わいで11月まで楽しめるのよ」
——いちご屋のアリーヌさん

fraise
いちご

フランスで有名ないちごの産地は、プロヴァンス地方の
"カルパントラ (Carpentras)"、ブルターニュ地方の "プルガステル (Plougastel)" など。
マルシェで見かける大粒なものはたいていスペイン産で、値段は安いが甘みは少ない。
野菜栽培者のスタンドで見かける "フレーズ・デュ・ジャルダン (fraise du jardin)" は
庭のいちごというわけで、素朴な味わいが楽しめる。

旦那さんのフレデリックさんと夫婦2人で切り盛りする小さなスタンドの台の上には、真っ赤ないちごがずらり。下の敷物までいちご柄のまさにいちご一色。なぜにいちごなのかと聞くと、「旦那が選んだものに私はついてきただけ」と夫婦円満なご様子。あいた場所にはラズベリーも、おまけみたいにちょこっと置かれている。

　すでに夏を感じさせるような強い日差しの中、真っ赤に輝くいちごたちが台一面を覆い尽くすスタンドを見つけて、思わず足を止めた。「パリのマルシェで、いちごのみを栽培して売りにきているのは、たぶん私たちだけよ」と話すのは、いちご栽培者のアリーヌさん。パリにマルシェ多しといえども、いちごのみを扱うスタンドを見たのは初めてだ。しかもこんなに粒揃いで、宝石のようにキラキラ光るいちごは、なかなかお目にかかれるものではない。それもそのはず、ノルマンディー地方で前日の晩に摘んだいちごを、パリのマルシェで翌日の朝に売っているのだから、新鮮でないわけがない。

　春から初夏のイメージが強いいちごながら、その収穫期間は4月〜11月末と思いのほか長い。いちごの季節到来！とばかりに、4月に先頭を切ってマルシェに出回るのが"ガリゲット（gariguette）"。細長い形にやわらかい果肉、酸味のある甘さはフランスでもっともポピュラーないちごだ。そのあとに登場するのが、"マラ・デ・ボワ（mara des bois）"。甘みも香りも強い小さな粒は、野いちごを彷彿させるもの。この日、アリーヌさんのスタンドに並んでいたいちごは"シャルロット（charlotte）"。果汁をたっぷり含む締まった果肉は、香り高く、甘みのある味わい。この"シャルロット"の時期が終われば再び"マラ・デ・ボワ"の収穫になり、と種類を替え、いちごの季節はめぐる。したがって愛らしいいちごたちを、長い期間に渡ってさまざまな味で楽しめるというわけ。

　11月、いちごの収穫が終われば、アリーヌさんのマルシェの仕事もしばらくお休み。「でも畑を手入れしたり、次の季節の苗を育てたり、冬もやることはたくさんあるのよ」と笑うアリーヌさん。そして再び、光輝くいちごたちとともにアリーヌさんの姿をマルシェで見かけるようになると、またパリに春がめぐってきた証拠。

アリーヌさんの
いちごを使ったレシピ

fraises melba
フレーズ・メルバ

材料（2人分）
いちご……150g
バニラ風味の砂糖（なければ砂糖）……適量
レモン汁……少々
バニラアイスクリーム……適量
好みでホイップクリーム……適量
ミント……少々

作り方
1. いちごはへたを取り、さいの目に切る。
2. ボウルに①を入れ、好みの量の砂糖、
   レモン汁を加えて混ぜ合わせ、冷蔵庫で約30分置く。
3. 器にアイスを盛って②をかけ、
   好みでホイップクリーム、ミントをのせる。

fraises au vin
いちごのワイン漬け

材料
いちご……適量
赤ワイン……適量
粉砂糖……適量

作り方
1. いちごはへたを取り、ボウルに入れる。
2. ①のいちごがかぶる程度にワインを注ぐ。
3. ②に、好みの甘さに砂糖を加え、冷蔵庫で約3時間置く。

桃とバニラアイスのペッシュ・メルバのいちごバージョンがフレーズ・メルバ。いちごとレモン汁を混ぜてしばらく置き、いちごの果汁を外に出せば、簡単いちごソースのできあがり。ミントの細切りを加えてもOK。ワイン漬けの分量は食べたい量をお好みで。使う赤ワインはなんでもいいけれど、"おいしいワイン"でないとダメ。

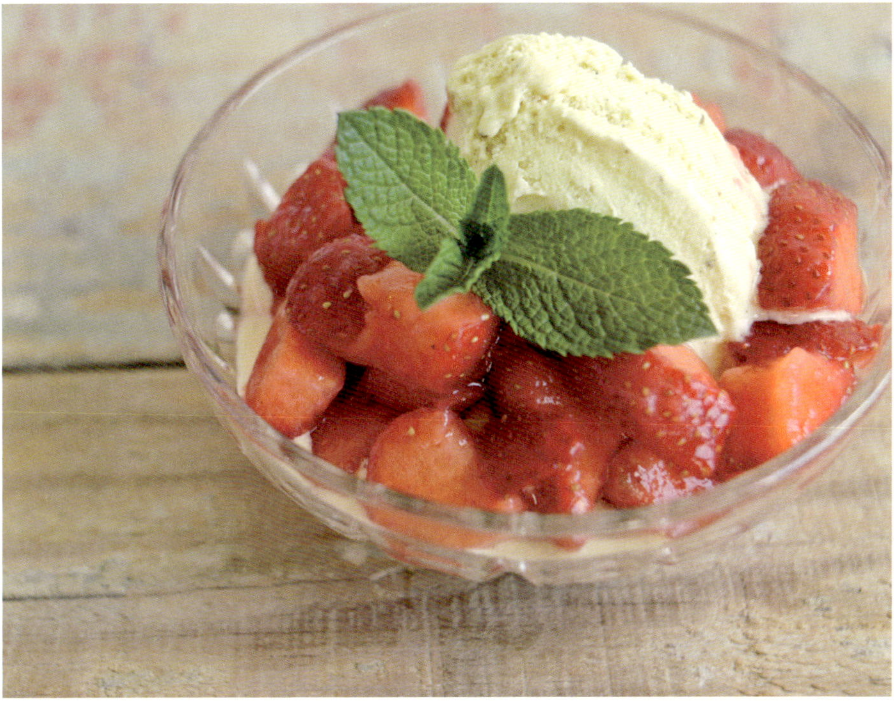

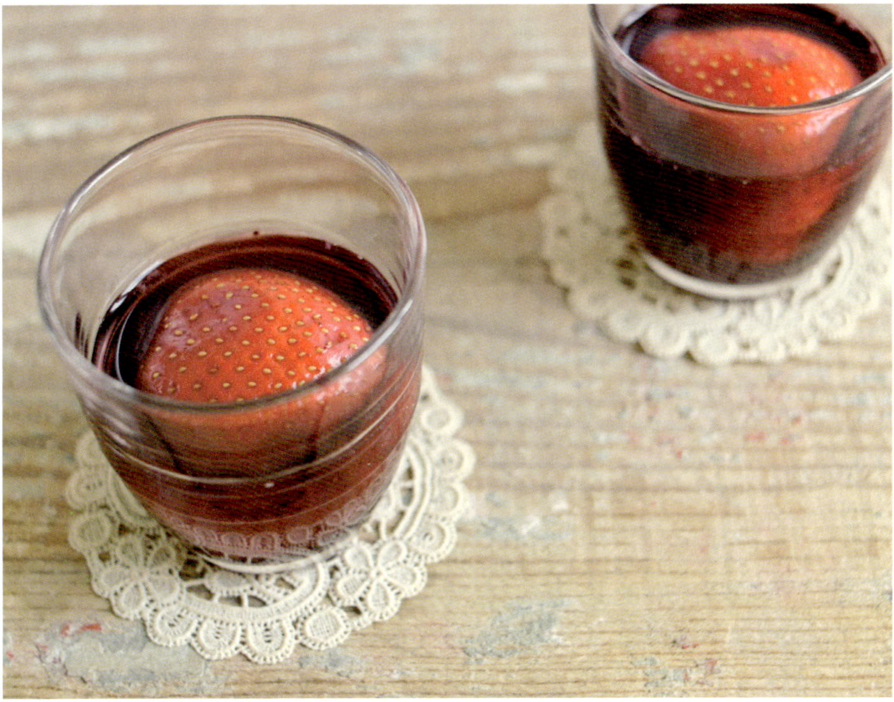

マルシェで買い物ができる
カタコト・フランス語

Bonjour!

言葉はコミュニケーションを取るために必要不可欠。
とはいえ難しいフレーズを覚えずとも、あいさつだけだって
フランス語で伝えれば、相手の心情は変わってくる。
観光地であるパリでは、カタコトの日本語をがんばって話すマルシェの人もいて、
そんな人に出会えたら、私たちだってうれしいもの。

〔基本のあいさつ編〕

まずは元気にあいさつから。
すると、たいていのパリジャンは
フランス語で話しかけてくるけれど、
その後、なにも話せなくたって
相手はちっとも気にしちゃいない。

・Bonjour! [ボンジュール] こんにちは!

・Merci! [メルスィ] ありがとう!

・Au revoir! [オーヴォワール] さようなら!

〔なにが欲しいか伝える編〕

買いたいモノの単語がわからなくたって、
このフレーズとともにモノを
指し示せば、なんでも買える。
まずはなにが欲しいのか伝わればいいのだ。

・Je voudrais ça. [ジュ・ヴドレ・サ] これが欲しいのです。

〔どのくらい欲しいか伝える編〕

量り売りが基本のマルシェでは、
欲しいモノを伝えただけでは
お店の人は困ってしまう。
数量かグラム数で欲しい量をいおう。

・Combien? [コンビヤン] どのぐらい? と聞かれたら、

・Un(une). [アン(ユンヌ)] 1個

・Deux. [ドゥー] 2個

・Trois. [トロワ] 3個

・Deux cents grammes. [ドゥー・サン・グラム] 200g

・Trois cents grammes. [トロワ・サン・グラム] 300g

・Une livre. [ユンヌ・リーヴル] 500g

・Un kilo. [アン・キロ] 1kg

〔欲しいモノを単語で伝える編〕

本書では、出てくる食材の
フランス語名を本文中に明記。
その他、知っている単語があるならば、
または値札を読めるならば、
数量＋欲しいモノの単語で伝えよう。

・Un maquereau. ［アン・マクロー］ さば1尾

・Deux pommes. ［ドゥー・ポム］ りんご2個

・Trois tomates. ［トロワ・トマト］ トマト3個

・Un kilo d'épaule d'agneau. ［アン・キロ・デポール・ダニョー］
子羊の肩肉1kg

・Une livre de fèvettes. ［ユンヌ・リーヴル・ドゥ・フェヴェット］
そら豆500g

・Une botte d'asperges blanches.
［ユンヌ・ボット・ダスペルジュ・ブランシュ］
ホワイトアスパラガス1束

・Une douzaine d'huîtres. ［ユンヌ・ドゥーゼース・デュイトル］
牡蠣1ダース（12個）

・Une barquette de fraises. ［ユンヌ・バルケット・ドゥ・フレーズ］
いちご1パック

余裕があるならば、うしろに

・S'il vous plaît. ［シル・ヴ・プレ］ お願いします。

とつけてあげれば完璧！

〔味見しちゃう編〕

マルシェでは味見用に、
食材を細かく切って
出してくれるところもある。
そんなときはもちろん、
遠慮なくいただきましょう。

・Vous voulez goûter? ［ヴ・ヴレ・グテ］ 味見しますか？
と聞いてくれる人も。

・Je peux goûter? ［ジュ・プ・グテ］ 味見していいですか？

・C'est bon! ［セ・ボン］ おいしい！ の感想も忘れずに。

〔調理法を聞いちゃう編〕

いきなり上級編ながら、なんとか
ヒヤリングができるのならば、
食材の調理の仕方をぜひ聞いてみたいもの。
マルシェの人々はみんな
やさしく教えてくれるはず！

・Comment ça se mange? ［コマン・サ・ス・マンジュ］
どうやって食べるのですか？

・Donnez-moi une bonne recette avec ça!
［ドネ・モワ・ユンヌ・ボンヌ・ルセット・アヴェク・サ］
それを使ったおいしいレシピを教えてください！

Brocoli
France
Chaux Fleurs
Breton
LA PIECE
Poivrons
LE KILO
LA PIECE
3.00

chapitre 2 夏レシピ

太陽の強い光に照らされて、
街の緑も空の青さも一層濃くなるころ、
マルシェに並ぶ野菜たちもそれに負けじと鮮やかに。
ヴァカンス時期は、パリジャンもお店の人も少なくなり、
パリ居残り組がのんびり集うのが夏のマルシェ。

ジャン・リュックさんのスタンド
ヴェルサイユ：ノートルダムのマルシェで金曜、日曜／正方形の広場のヴェルサイユ宮殿に向かって右側の角／3月～11月のトマトの季節のみ。

「うちのトマトは小さくても香り豊かで、味がギュッと詰まった逸品揃いだよ」
——トマト屋のジャン・リュックさん

tomate
トマト

フランスで一般的に売られているトマトは4種類。
枝つきの"トマト・グラップ (tomate grappe)"、丸い"トマト・ロンド (tomate ronde)"、
細長い"トマト・アロンジェ (tomate allongée)"、チェリートマトの
"トマト・スリーズ (tomate cerise)"。マルシェでは最近、昔ながらの復活品種も
よく見かけるようになり、トマト売り場はカラフルになるばかり。

andine cornue
cœur de bœuf
star espace
olivette
green zebra
noire de crimée
ananas
tomate grappe

トマトのほかにサラダやハーブなど、トマトとともに食べられるものを売る。/<u>アンディーヌ・コルニュ</u>：先が角のように尖ったオレンジ色のもの。<u>クール・ドゥ・ブフ</u>：牛の心臓に似た形で果肉たっぷり。<u>グリーン・ゼブラ</u>：縞のある緑色のトマトでサラダに。<u>ノワール・ドゥ・クリメ</u>：黒がかった甘みの強いトマト。<u>アナナス</u>：黄色くて甘酸っぱいトマト。<u>スタール・エスパス</u>：皮の薄いトマトでファルシに最適。<u>オリヴェット</u>：細長いトマトでソースなどに。<u>トマト・グラップ</u>：枝つきで房状になったものでサラダに。

　今や一年中、見かけるようになったトマトだけれど、やっぱり夏のトマトの輝きは格別。真っ赤なトマトをこれでもかと、競うように山盛りにして売るスタンドを見かけるなか、少量ながらトマトばかりを種類豊富に並べる、めずらしいトマト専門店を発見した。「量販店ではとかく大きくてきれいな形のものばかりを売りたがるけれど、うちのは味で選んでいるからね。香り高く、フルーティなうちのトマトの味わいは、ほかのものとは比べものにならないよ」と話すのは、ノルマンディー地方、アランソンで6世代に渡って野菜栽培を営む、ジャン・リュックさん。

　トマト本来の味わいを求めて探し出した昔ながらの品種とともに、栽培するトマトの種類は全部で15種。この日、並んだトマトは、フランスで定番の房状になったグラップや細長いオリーブ型のオリヴェットから、パイナップルのような黄色いアナナス、緑色のグリーン・ゼブラ、黒っぽい色合いのノワール・ドゥ・クリメなどなど。こんなにトマトってカラフルなものだったんだとびっくりするほど、小さな台の上には未知なるトマトワールドがいっぱいに広がっている。「いろんな料理に使えるのもトマトの魅力だけれど、それぞれ異なる味わいは、まずはサラダでシンプルに味わって」。小さな実に甘酸っぱさが詰まったトマト・スリーズは、アペリティフにこのまま出しても充分なごちそう。フルーツ感覚でつまんだら、口の中で甘さがプチッとはじけ、もうやめられない、止まらない！

　トマト栽培がひと段落する冬が、ジャン・リュックさんにとってのヴァカンス時期。その間1カ月ほど、中国やラオスなど海外のあちこちを旅するのが彼のもうひとつの楽しみ。「トマトの原産地、ペルーを旅したときに、現地の野菜栽培者に出会い、友達になったんだ。息子がいたら向こうに行かせてトマト作りをぜひ学ばせたいね」。日本にも行ってみたいと話すジャン・リュックさん。トマトに限らず、旺盛な好奇心はインターナショナルに広がるばかりだ！

★ ジャン・リュックさんの
トマトを使ったレシピ

salade de tomates et feta
トマトとフェタチーズのサラダ

材料(2人分)
トマト・スリーズ(チェリートマト)……12個
フェタチーズ……100g
くるみ……適量
シブレット……適量
オリーブ油……適量
塩、こしょう……各少々

作り方
1. トマトはへたを取り、半分に切る。
2. フェタチーズは角切りにする。
3. くるみは適当な大きさに砕き、シブレットは小口切りにする。
4. ①、②、③を混ぜ合わせて器に盛り、塩、こしょうを振ってオリーブ油をかける。

トマト・スリーズとはチェリートマトのこと。少し大きめでたまに房状になって売られているプチトマトは、トマト・カクテルと呼ばれる。フェタはギリシャの羊や山羊のフレッシュチーズ。イタリアの水牛のチーズ、モッツァレラとでも相性はバツグン。これにおいしい塩とオリーブ油があれば、それだけでとびきりの一品に早変わり！

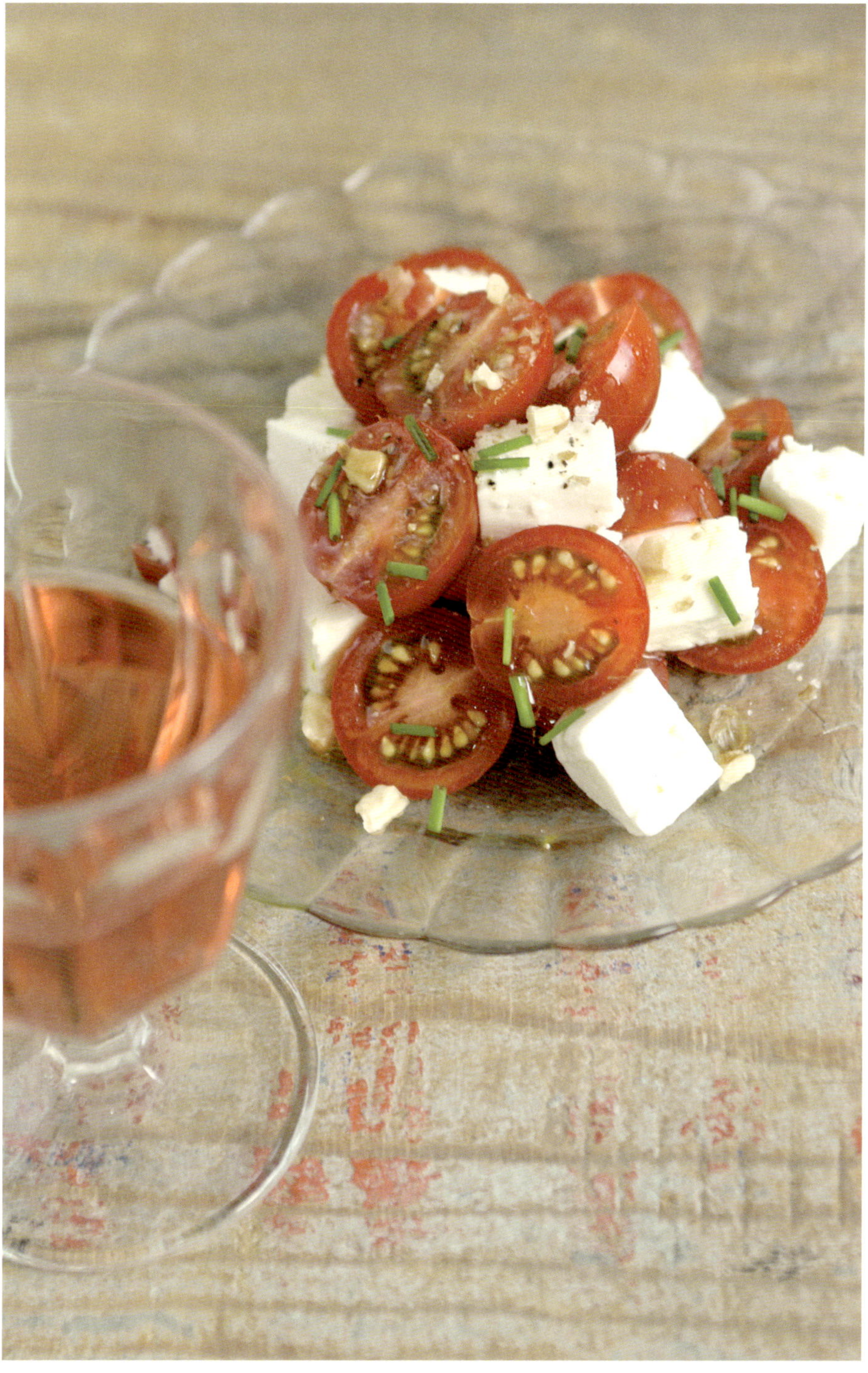

ジャン・リュックさんの
トマトを使ったレシピ

tomates farcies
トマト・ファルシ

材料（4人分）
トマト……大4個
〈ファルシ〉
- 牛ひき肉……300g
- エシャロット……1個
- にんにく……1片
- イタリアンパセリ……2、3本
- 小麦粉……大さじ1
- 溶き卵……1個分
- オリーブ油、塩、砂糖……各小さじ1弱
- こしょう……少々

エシャロット……1個
にんにく……1片
オリーブ油……適量
あればイタリアンパセリ……適量

作り方
1. オーブンは200度に熱しておく。
2. トマトはへたの部分を切り落とし、ファルシのふた用に取っておく。中身をスプーンでくり抜き、逆さにして置き、水気をきる。果肉は種を取り、細かく切って取っておく。
3. ファルシを作る。エシャロット、にんにくはみじん切りにし、パセリは葉を摘んでみじん切りにする。
4. ボウルにひき肉を入れ、②のトマトの果肉、③、小麦粉、溶き卵、オリーブ油を加えて混ぜ、塩、砂糖、こしょうを加え、よく混ぜ合わせる。
5. ②のトマトの器に④を等分して入れ、へたのついたふたをのせる。
6. エシャロットを薄切りにし、にんにくをつぶして耐熱皿に敷く。⑤を並べてオリーブ油を全体にかけ、水約100mlを注ぐ。
7. オーブンに⑥を入れ、約30分焼き、器に盛ってあればパセリを飾る。

....

トマトに詰めものをしたトマト・ファルシは、お総菜屋さんなどでも見かける定番のフランス家庭料理。お肉屋さんではファルシ用のひき肉も売られている。詰めるものはお好みで、魚でもチーズでもライスでもなんでも応用可。トマトのカップに入れて出すため、トマトは形のいい完熟のものを選んで。ライスを添えて、とろとろのトマトと出てくる肉汁をからめて食べるのがオススメ。

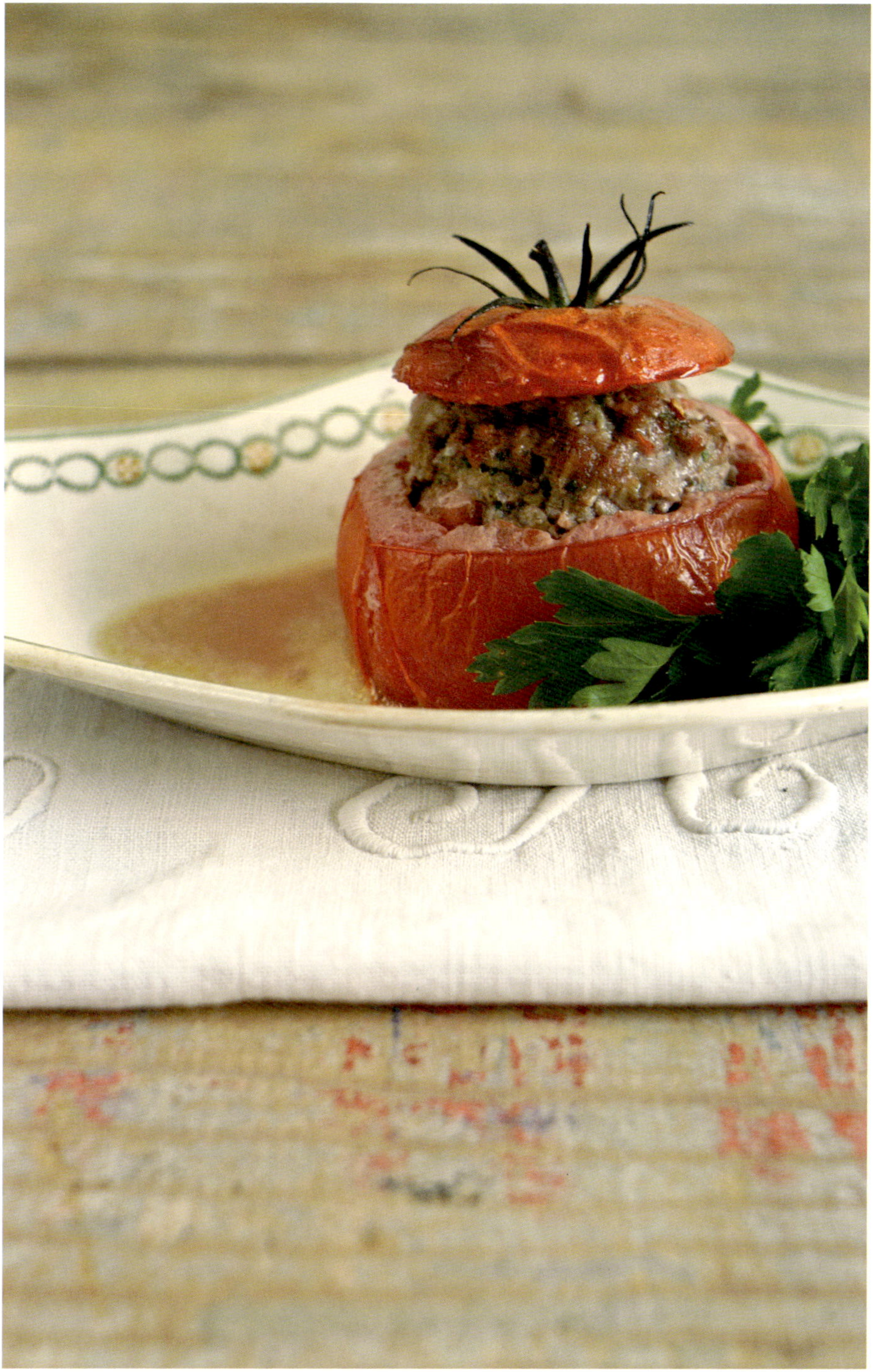

courgette
ズッキーニ

マルシェでは緑、薄緑色のもの以外に、ナッツの風味のある黄色い
"クルジェット・ジョーヌ (courgette jaune)" も見かける。細長いものが一般的だけれど、
ファルシに使われるまん丸い形の "クルジェット・ロンド (courgette ronde)" もあり。
クルジェットの花 "フルール・ドゥ・クルジェット (fleur de courgette)" を使うのは、
プロヴァンス地方の料理。ズッキーニの実がついた雌花と、茎のみの雄花がある。

> 「花つきズッキーニを売ることは、産地直送である生産者の特権なんだ!」
> ——八百屋のセルジュさん

セルジュさんのスタンド
16区:グロ・ラ・フォンテーヌのマルシェで金曜／Rue GrosからRue La Fontaineに曲がった3、4軒目。　11区:バスティーユのマルシェで日曜。

courgette verte

courgette jaune

扱う野菜の種類は少ないけれど、新鮮さがひと目でわかるセルジュさんのスタンド。ズッキーニの花とともにセージの紫色の花が華やかさをプラス。自ら育てた鶏肉や卵なども売り、まさに農家らしいイメージ。やってくるお客さんたちがひと言、ふた言、声をかけていくアットホームさもいい。

「前の晩に花が開かないうちに摘んで、翌朝マルシェに運んでくるから、花つきズッキーニを売ることができるんだ。花つきなのは、新鮮であることのなによりの証拠だからね」。パリではなかなかお目にかかることのない、ズッキーニの黄色い花がスタンドを鮮やかに彩っているのを見つけて声をかけると、野菜栽培者のセルジュさんが胸を張って答えてくれた。フランスでもっともポピュラーな野菜で、一年中売られているズッキーニだけれど、花つきを見かけるのは夏のわずかなあいだだけ。しかも生産者のスタンドのみなのだから、出会えないことのほうが断然多い。花びらがふんわり開きかけたズッキーニの花には、まだ虫がついていて、まさにもぎたて感も満点だ。

化学肥料は使わず、自然農法で作られるセルジュさんの野菜たち。ビオロジックと謳わなくてもお客さんたちはわかってくれる、という言葉通り、野菜の活きのよさは一目瞭然。素朴な作物たちは畑の土の匂いとともに、元気な夏の太陽もパリにもたらしてくれるみたい。「ズッキーニの花は生でも食べられるけれど、ベニエ（衣揚げ）にするのが一番だね。中に肉や野菜、チーズなど好みで入れてね。でも花は絶対洗ってはダメだよ。刷毛でゴミや虫を取り除くだけだからね」。

ノルマンディー地方のペイ・ドゥーシュで野菜栽培者になる前は、スペインでレストラン・バーを経営し、自ら料理を作っていたというセルジュさん。食べ方を聞くとすぐさま、いろんな料理のアドバイスをくれるのが頼もしい。「小さいズッキーニはさっと茹でるだけ、半生の状態で食べられるよ。大きいものはグラタンやファルシ、ラタトゥイユにすれば最高さ」。ちょうどやってきた常連のマダムも、「あら、ズッキーニの花の季節なのね。ベニエにするとおいしいのよ」と、セルジュさんとにっこりうなずき合い、花つきズッキーニをホクホクと買って行く。

ではうちも負けじと、今夜はズッキーニの花のベニエにしましょうか。

fleur de courgette

セルジュさんの
ズッキーニを使ったレシピ

beignets de fleurs de courgettes
ズッキーニの花のベニエ

材料（2人分）
花つきズッキーニ……8個
揚げ油……適量
〈揚げ衣〉
　小麦粉……100g
　卵……2個
　冷たい牛乳……200ml
　塩、こしょう……各少々

作り方
1. 花つきズッキーニは花と実に切り分け、実はサラダに取っておく。花はめしべを取り除き、刷毛などで汚れをはらう。
2. 卵は卵黄と卵白に分ける。
3. 小麦粉、卵黄、牛乳、塩、こしょうを混ぜ合わせる。卵白を泡立てて加え、さっくりと混ぜ合わせて揚げ衣を作る。
4. 揚げ油を180度に熱し、①を③の揚げ衣にくぐらせて入れる。きつね色になったら取り出し、油をきって器に盛る。

salade de courgettes jeunes
小さなズッキーニのサラダ

材料（2人分）
ズッキーニ……小8本
塩、オリーブ油……各適量
レモン汁……1/2個分
塩、こしょう……各少々
好みのハーブ（イタリアンパセリ、ミント、セージの花など）……適量

作り方
1. 鍋に水を沸騰させて塩を加え、ズッキーニをまるごと入れる。再び沸騰したら取り出し、水気をきって冷まし、薄切りにする。
2. 器に①を盛り、オリーブ油、レモン汁、塩、こしょう、ハーブをかける。

買ってきたズッキーニの花は冷蔵庫には入れずに常温で保存し、早めに食べること。衣は厚くつけすぎないように。揚げた花の中に揚げ油が残ってしまう場合もあるため、しっかり逆さにして油をきるのがポイント。サラダのズッキーニは火を通さずにさっとゆがくだけ。歯ごたえが残るズッキーニに、違ったおいしさを発見できる。黄色いズッキーニを見つけたら、独特のナッツ風味をぜひ、お試しあれ！

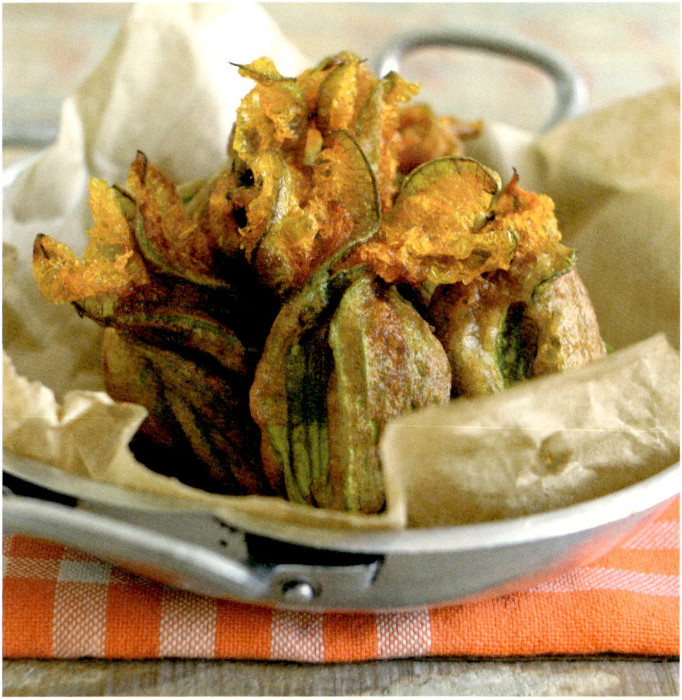

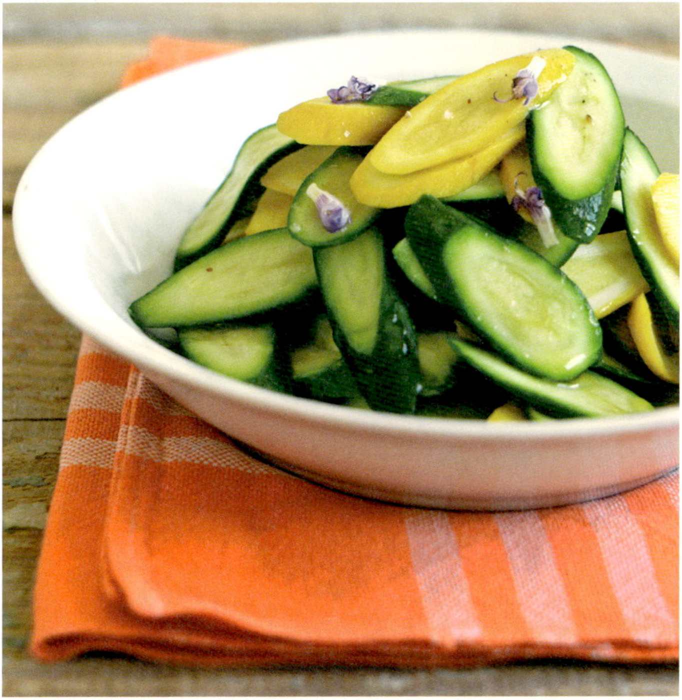

セルジュさんの
ズッキーニを使ったレシピ

ratatouille
ラタトゥイユ

材料（作りやすい分量）

ズッキーニ……1kg　　にんにく……2、3片
なす……2個　　　　　ブーケガルニ……1束
トマト……500g　　　 オリーブ油……適量
ジャンボピーマン……2個　塩、こしょう……各適量
玉ねぎ……2個

作り方

1. ズッキーニ、なすは輪切りにする。
   トマト、ピーマン、玉ねぎはざく切りにする。
2. 鋳物製鍋にオリーブ油を熱して①を入れ、塩少々を振って炒め合わせる。
3. ②につぶしたにんにく、ブーケガルニ、塩、こしょうを加え、
   ふたをして弱火でゆっくり約45分ほど煮る。
4. 味をみて塩、こしょうで味を調える。

menu complet à la Serge
セルジュ風定食

材料（1人分）

ラタトゥイユ……適量
ご飯……茶碗1杯分
卵……1個
オリーブ油……適量

作り方

1. フライパンにオリーブ油を熱して卵を割り入れ、水少々を加えてふたをし、
   半熟目玉焼きを作る。
2. 器の中央にご飯を盛り、ラタトゥイユで周りを囲み、①をのせる。

プロヴァンス料理であるラタトゥイユは、夏野菜のごった煮のこと。料理のコツは、とにかく弱火でじっくり煮込んで野菜の旨みを溶け合わせること。野菜を炒めるときに白ワインを少々振ってもいい。多めに作っておけば、肉、魚料理やオムレツに添えたり、パスタにからめたり、さまざまに活用できること間違いなし。目玉焼きを添えるのがセルジュ流。

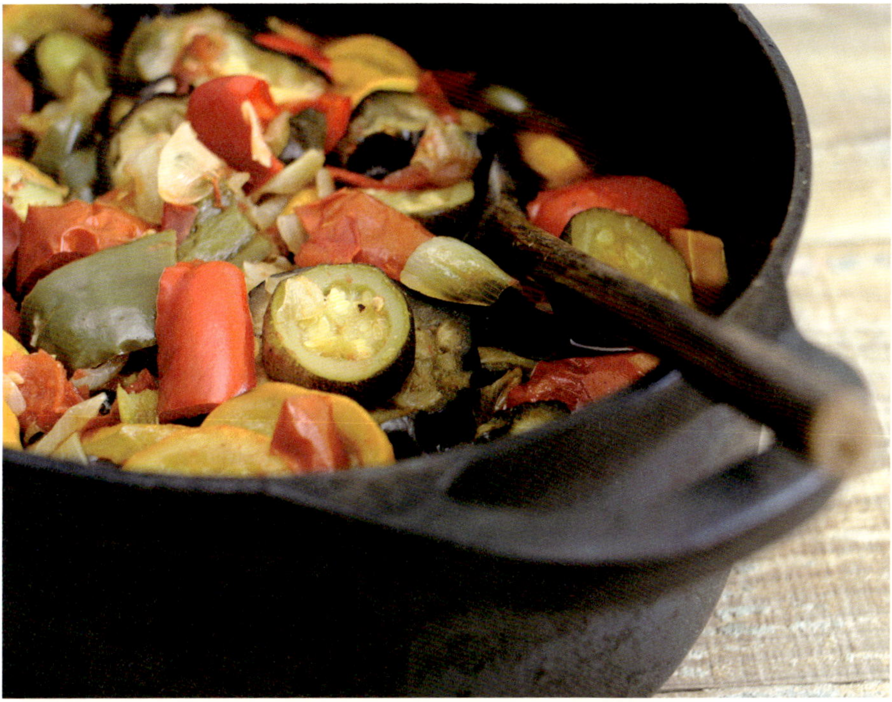

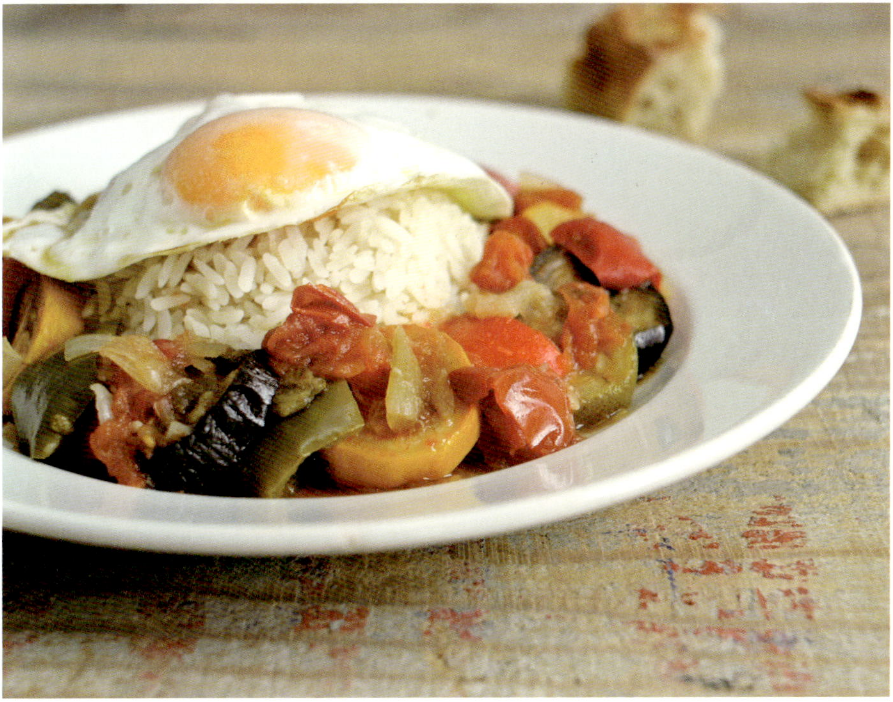

🏠 **ムーサさんのスタンド**
11区：バスティーユのマルシェで木曜、日曜／バスティーユの広場側から見て真ん中の通路の真ん中あたり、左側。

「風味や香りが異なるいろんな種類のにんにくは、料理によって、お好みで使い分けて」
——PTOA屋のムーサさん

ail
にんにく

フランスで売られているにんにくは皮の色の違いで、白い"アイユ・ブラン（ail blanc）"、紫の"アイユ・ヴィオレ（ail violet）"、ピンクの"アイユ・ローズ（ail rose）"と分けられている。新にんにくの"アイユ・ヌーヴォー（ail nouveau）"は緑色の茎がついたフレッシュなもの。マルシェでは八百屋さんでもにんにくを扱うところがあるけれど、専門店のほうがさまざまな種類を見つけられる。

ail rose

ail fumé

ail violet

　パリのマルシェでときどき見かけるのが、PTOA（ペ・テ・オ・ア）と呼ばれる専門店。じゃがいも（Pomme de Terre）、玉ねぎ（Oignon）、にんにく（Ail）、それぞれの頭文字を取った、名の通りのじゃがいも、玉ねぎ、にんにく専門のスタンド。赤、紫色のじゃがいもや白、赤色の玉ねぎなど、フランスの定番野菜はカラフルで種類も豊富だ。その中で、燃やしたように茶色くなったにんにくを見つけて立ち止まった。

　「これは燻製にした"アイユ・フュメ（ail fumé）"。フランス北部、ノール・パ・ドゥ・カレ地方のアルルーの特産だよ。長期保存できるようにスモークハムのように燻しているため、約1年持つ。香ばしいい香りがするだろ」。見るからに商売人といったおしゃべりで陽気なムーサさんが、燻製にんにくの香りを嗅がせてくれる。本当だ、にんにくの匂いはせず、燻煙の心地よい香りが鼻をくすぐる。「味わいの乏しい白にんにくを使っているから、燻して風味をプラスする効果もあるんだ。

にんにくの味がもっとも強いのは紫色のにんにくだね。上品な味わいで香り豊かなのは、ピンクのにんにく。ミディ・ピレネー地方のロートレック産、アイユ・ローズはフランスでもっとも美しいにんにくだよ」。

　薄皮から透けてピンク色がうっすらと覗く、ロートレックのアイユ・ローズは、品質保証のラベル・ルージュがついたフランス政府お墨つきのもの。長い茎を束ねて房状にしたのが伝統的なスタイルで、このままキッチンに吊るして置けるナイスなフォルムも魅力。長い茎が湿気から鱗茎を守ってくれるため、7月に収穫されたにんにくは翌年の5月ごろまで保存がきくという。

　「6月ごろは新にんにくが出回る時期。上の部分を切り落とし、オリーブ油をたらしてオーブンで焼き、スプーンですくって中の皮ごと食べるんだ。好みで塩を振ってもいいけど、香りがいいからほかになにもいらないよ」。たかがにんにく、されどにんにく。フランスのにんにくはなんとも奥が深い。

赤い敷物を敷いた目立つ台に並べられているにんにく各種。エシャロットはフランスでは玉ねぎと同じくらい定番野菜。灰色がかった"エシャロット・グリーズ"はより深い味わい。ムーサさんは「マルシェはいつも同じ仕事をやっているようだけど、客との関わりによって1日として同じ日はないんだよ」と楽しそうに働く。

ムーサさんのにんにくを使ったレシピ

soupe à l'ail
にんにくスープ

材料（4人分）
ピンクにんにく……10片
卵……1個
タイム、ローリエ……各適量
マスタード……小さじ1
オリーブ油、塩、こしょう……各適量
クルトン、イタリアンパセリのみじん切り
……各適量

作り方
1. にんにくは皮をむく。卵は卵黄と卵白に分ける。
2. 鍋に2リットルの水を沸騰させ、①のにんにく、卵白、タイム、ローリエ、塩、こしょうを入れ、弱火で約30分煮る。
3. ボウルに卵黄、塩、こしょう、マスタードを入れて混ぜ合わせる。かき混ぜながらオリーブ油を少しずつ注いでペースト状にし、マヨネーズを作る。
4. 器に③を等分に入れ、溶きながら②を少しずつ注ぐ。クルトンとパセリを浮かべる。

gratin dauphinois
じゃがいものグラタン

材料（4人分）
にんにく……3、4片
じゃがいも……1kg
玉ねぎ……1個
塩、こしょう……各適量
生クリーム……適量
ナツメグ……少々
牛乳……適量
グリュイエールチーズ……適量

作り方
1. オーブンは160度に熱しておく。
2. じゃがいもは皮をむき、水に浸してアクを抜く。水気をきってなるべく薄い輪切りにする。
3. にんにくは皮をむいてつぶし、玉ねぎは薄切りにし、耐熱皿に散らして敷く。
4. ③の上に②のじゃがいもを1段並べる。塩、こしょうを振り、生クリームを全体に回しかける。
5. ④を繰り返し、最後の1段を並べ終えたらナツメグを振り、牛乳を全体に回しかけ、重ねたじゃがいもの2/3の高さまで入れる。
6. オーブンに入れ、ときどきフライ返しで押しつけながら約1時間焼く。
7. 仕上がり直前に全体にチーズをのせ、こんがりするまで焼く。

にんにくのスープはロートレックで毎年8月に行われるにんにく祭に欠かせない伝統的なスープ。好みで牛乳を加えても。じゃがいものグラタンは材料の味が一体化するように、低温で長時間焼くのがおいしさの秘訣。

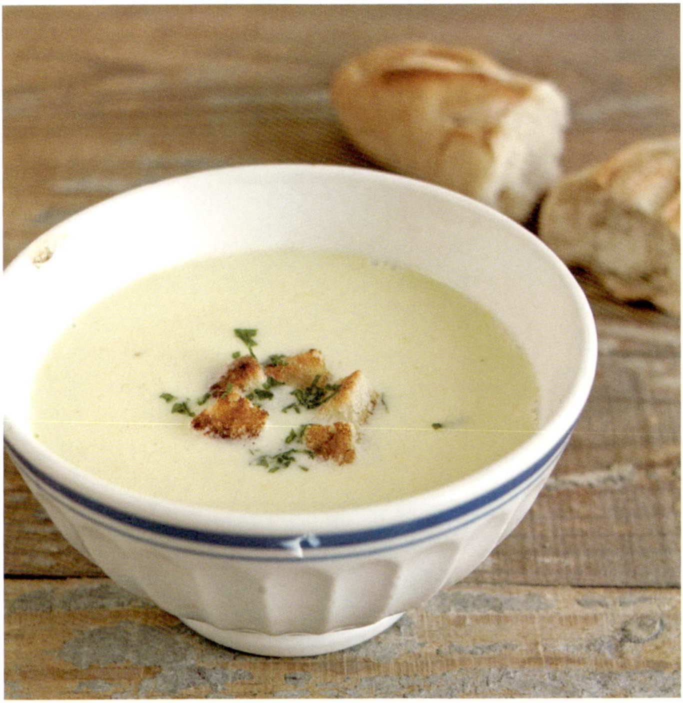

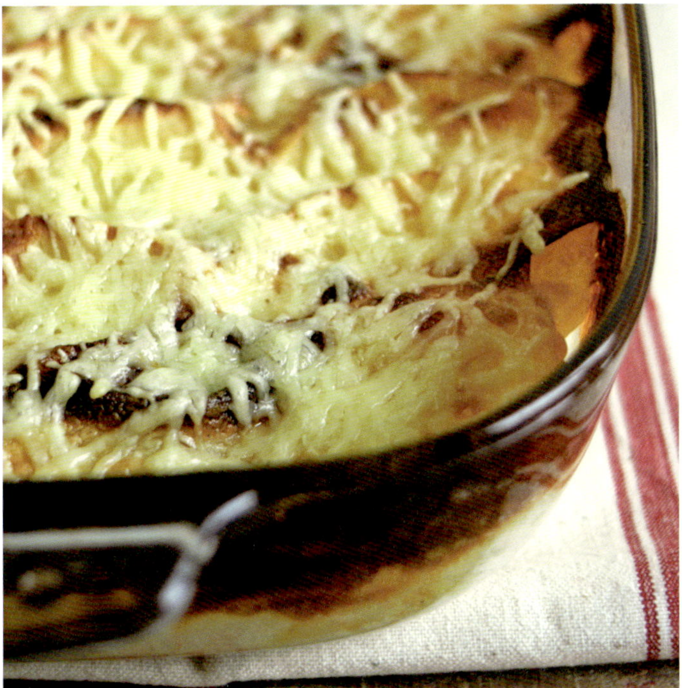

seiche
紋甲いか

年中見かけるけれど、やりいかの"カラマール(calamar)"は夏と冬、紋甲いかの"セシュ(seiche)"は晩夏から冬が本来の季節。紋甲いかはたいてい下処理をされ、皮をむかれた状態で"ブラン・ドゥ・セシュ(blanc de seiche)"と売られているのが一般的。小さないかの"アンコルネ(encornet)"はやわらかい肉質が魅力。

「肉厚の紋甲いかはクール・ブイヨンで下茹でするのが、やわらかく仕上げるフランス技」
——魚屋のシモンさん

🏠 シモンさんのスタンド
<u>17区</u>：バティニョールのビオマルシェで土曜／Ⓜ Rome 側から見て右側の通りの一番端。 <u>6区</u>：ラスパイユのビオマルシェで日曜／Ⓜ Rennes 側から見て右側の一番端。

パリのマルシェでよく見かけるいかといえば、日本でもお馴染みのやりいかのカラマール、小さないかのアンコルネ、紋甲いかのセシュ。なかでも真っ白い大きな身を光らせている、やたらと目につく存在が紋甲いか。日本ではほとんど冷凍モノでしかお目にかかれず、ぶ厚い身はそのまま焼いていかステーキに、としか思いつかず、しかも身はかたくって噛めば噛むほどガムのように噛みきれず、というマイナスだらけのイメージだったから、今の今まで魚屋さんで見つけても、即座却下される食材ナンバーワンだった。

「紋甲いかはクール・ブイヨンでまるごと下茹でしてから使うと、やわらかく仕上がるよ。クール・ブイヨンって香味野菜を加えて短時間で仕上げるブイヨンだけれど、ほかにも魚や甲殻類などを茹でるのに使うんだ。臭みも取れるし、おいしいよ」。大きな紋甲いかを目の前に躊躇していると、魚屋のシモンさんがやさしくアドバイスをしてくれる。

でも、いかって、かたくならないように短時間で火を通すのが原則なはず…。それでもなお不信感を抱きつつ、800ｇの巨大ないかをしょって帰り、いわれた通りに調理してみると、あら不思議。下味がついた肉厚の紋甲いかは、歯ぎれよくやんわり仕上がっている。魔法のクール・ブイヨンの仕業か、ビオ専門のマルシェにある魚屋のシモンさんのおかげか。

「ビオ専門といっても、魚介でビオロジックと名乗れるのは今のところ、外海でビオの飼料で養殖されたサーモンだけ。うちで扱っているほかの食材はすべて天然モノなんだ」。大西洋に面したロワール地方、ヴァンデ県で暮らすシモンさん。活きのいい魚介は自宅近くの漁港やランジス市場で仕入れてくるもの。スタンドにずらりと並べられた惚れ惚れするほど立派な魚たちは、見るからに野性味溢れる天然モノの風格といった感じ。「そう、オレみたいなね」。シモンさんがユーモアたっぷりにニヤリと笑った。

seiche

encornet

ビオ専門のマルシェでは数少ない魚屋さん。ブルターニュ産のオマールえびやビオのサーモンなど、色艶のいい魚介が並ぶ。日本人の奥さんを持つシモンさんは、毎年日本に行った際に築地を訪れるという。「日本語で数を数えられるよ」とちょっとはずかしそうに数えてみせる、チャーミングなお人。

シモンさんの
紋甲いかを使ったレシピ

seiche à la provençale
紋甲いかのトマト炒め
プロヴァンス風

材料（4人分）
紋甲いか……1杯（約800g）
トマト……6個
にんにく……2片
イタリアンパセリ……3、4本
オリーブ油……適量
塩、こしょう……各適量
〈クール・ブイヨン〉
- 水……2.5リットル
- 白ワイン……500ml
- にんじんの薄切り……1本分
- 玉ねぎの薄切り……中1個分
- ブーケガルニ……1束
- 黒粒こしょう……20g
- 粗塩……30g

作り方
1. クール・ブイヨンを作る。
鍋にすべての材料を入れて中火にかけ、沸騰させる。
火を弱めてフツフツと沸いている状態で約30分煮る。
火を止めてそのまま冷まし、完全に冷めたら漉す。
2. いかは下処理をしていなければ、甲羅を縦に切って皮をむき、
甲羅、内臓などを取り除く。
3. ①のクール・ブイヨンを煮立たせ、②のいかを入れて約10分茹でる。
取り出して水気をきり、胴は短冊切りに、足はざく切りにする。
4. トマトはへたを取り、熱湯にくぐらせて湯むきをし、ざく切りにする。
にんにくは皮をむき、薄切りにする。パセリは葉を摘んでみじん切りにする。
5. フライパンにオリーブ油を熱し、③のいかを炒める。
④のトマトとにんにくを加えて炒め合わせ、パセリを加えて混ぜ合わせる。
6. ⑤を弱火で数分煮て、塩、こしょうで味を調え、
トマトに完全に火が通る前に器に盛る。

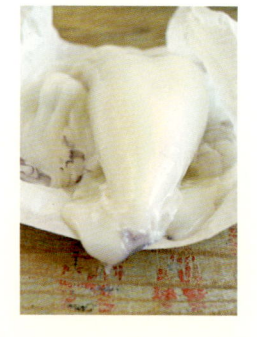

クール・ブイヨンは沸騰させすぎず、フツフツと沸いている状態を保つ
のがポイント。中に入れるのは簡略してワインとハーブだけでも可。
冷凍でも紋甲いかを見つけたら、ぜひお試しを。トマトとにんにく、ハー
ブを使った料理は、たいてい南仏地方のプロヴァンス風と名前がつく。

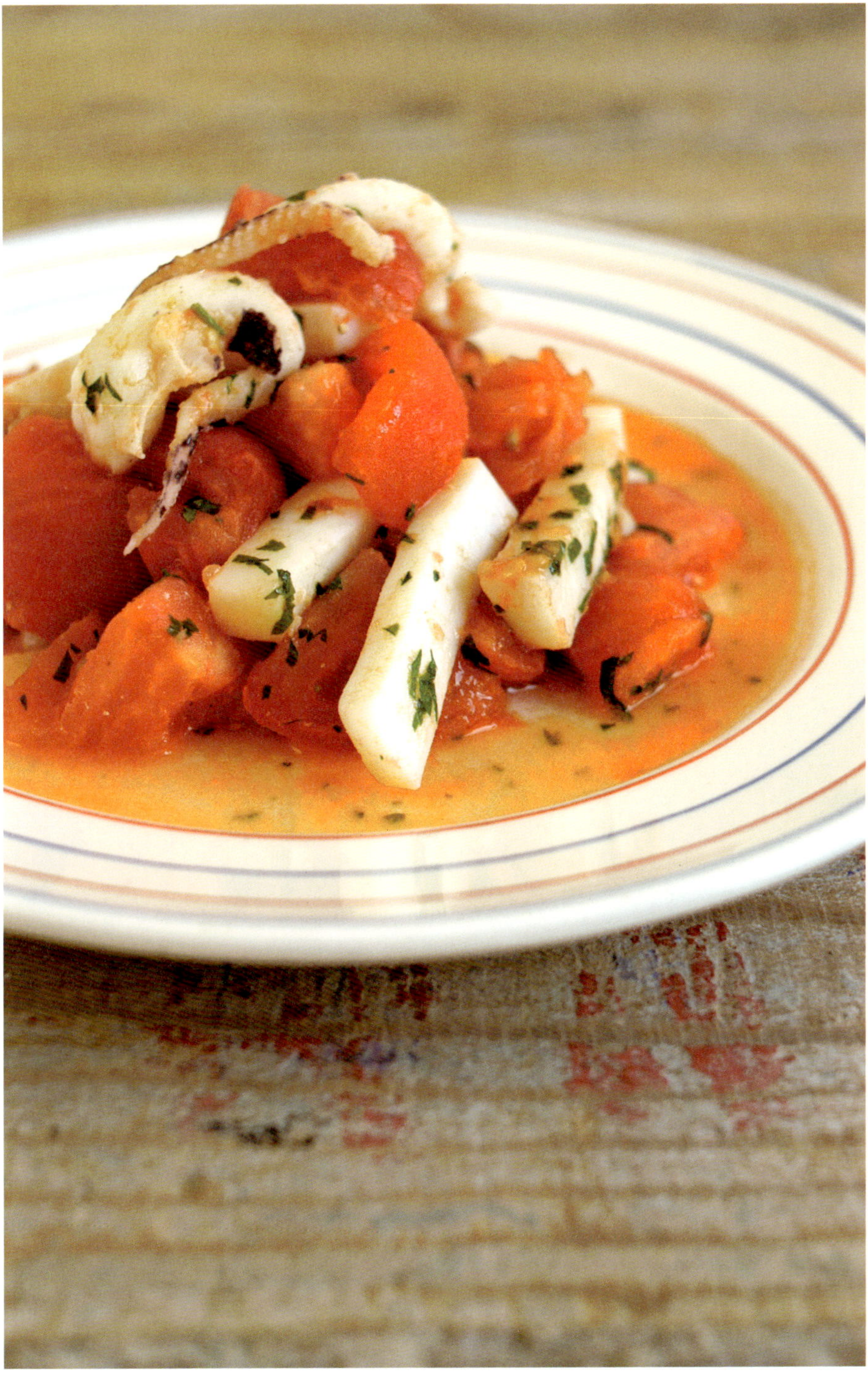

🏠 ジャン・シャルルさんのスタンド
<u>16区</u>：ポルト・モリトールのマルシェで火曜、金曜／Pl. de la Porte MolitorからBd. Muratに曲がった左側の2軒目。

「ねっとりと甘いプルーンは、熟成度によってさまざまな調理でお楽しみあれ」
——八百屋のジャン・シャルルさん

prune
プルーン

季節は7月〜10月でフランスではいろんな種類が楽しめる。
紫色のプルーンは"クウェッチュ (quetsche)"でロレーヌ地方がおもな産地。
"レーヌ・クロード (reine-claude)"はミディ・ピレネー産、
"ミラベル (mirabelle)"はロレーヌ産がラベル・ルージュに指定されている。
各地でプルーンを使った蒸留酒も造られている。

reine-claude

quetsche

小さなマルシェには、ほかにももちろん八百屋さんがあるのだけれど、なぜかジャン・シャルルさんのところは朝早くからお客さんがひっきりなし。ジャン・シャルルさんの住むエソンヌ県のマルクスィは、じつはいちごで有名な町。ジャン・シャルルさんの胸元にはキュートないちごの入れ墨があるほど！

日本では乾燥させたドライプルーンのイメージが強いプルーン。フランスでは7月に入ると果物屋の店先が生のプルーンで埋まるほど、ポピュラーなフルーツ。それもたいてい3種類のプルーンが山盛りで並ぶため、埋め尽くされるといっても過言ではないのだ。プルーンに、ミラベル、レーヌ・クロードでしょ…と、思っていたら八百屋のジャン・シャルルさんに指摘される。「フランス語でプルーンは総称なんだよ。紫色のラグビーボール型のものはクウェッチ。小さな粒で黄金色をしたやさしい味わいのものはミラベル。まん丸で黄緑色の甘みの強いものはレーヌ・クロードね」。

日本でプルーンと呼ばれる、紫色のものはフランスではクウェッチという名だったらしい。それぞれ味わいが異なるから、プルーンと総称で呼ばれるよりも、ちゃんと固有名詞で呼ばれることが多い。なかでもフランス人に一番人気は、レーヌ・クロード。クウェッチよりも皮の穏やかな酸味と、実の甘みのハーモニーが心地よく、"プルーンの女王"と呼ばれるというのも納得だ。「プルーンは1週間ほどしか持たない繊細なもの。買いたてならこのまま生で、少しやわらかくなったらタルトやコンポートに、完全に熟したらジャムに、いろいろな調理で楽しむのがいいよ。僕は、スパイスはなにも入れず、フルーツの味そのままを味わうのが好きだね。余計なものを入れると素材の味が隠れちゃうからね」。

10世代に渡って、パリの南隣のエソンヌ県で野菜栽培を営むジャン・シャルルさん。12ヘクタールの畑で栽培された約40種類もの野菜、フルーツは、兄弟で手分けしてパリに運んできてくれる。ラグビーをこよなく愛するスポーツマンで、おしゃべり好きな気のいいお兄さんという感じ。「そういえば日本でもお酒に使うプルーンがあるでしょ。一度飲んだことがあるけれど、あれはおいしいねぇ。日本の梅酒をご存知だとは、かなりのプルーン通でありますな。

ジャン・シャルルさんの
プルーンを使ったレシピ

tarte aux prunes
プルーンのタルト

材料(直径26cmのタルト型用)
プルーン……600〜800g
バター(型用)……適量
小麦粉……適量

〈ブリゼ生地〉
- 小麦粉……250g
- バター……125g
- 塩……ひとつまみ
- 冷水……約30ml

〈アーモンドクリーム〉
- バター(やわらかくしたもの)……100g
- 砂糖、アーモンドパウダー……各100g
- 溶き卵……2個分
- 好みでラム酒……適量

作り方
1. ブリゼ生地を作る。バターは適当に切って冷やしておく。台の上に小麦粉を広げ、バターを上にのせる。指でつぶしながら小麦粉とすり合わせ、砂状にする。真ん中に穴を開け、塩、水を入れて混ぜ、周りの粉と少しずつ混ぜ合わせていく。手の平で生地を台に押しつぶしながら全体を混ぜ、練らないように丸いボール型にまとめる。ラップで包み、冷蔵庫で30分以上寝かせる。
2. アーモンドクリームを作る。ボウルにバター、砂糖、アーモンドパウダー、溶き卵を入れ、よく混ぜ合わせる。好みでラム酒を加えて混ぜる。
3. プルーンは半分に切って種を取り、さらに半分に切る。
4. オーブンは180度に熱しておく。タルト型にバターを塗る。
5. 台に小麦粉を振って①をのせ、均一な厚さに丸く伸ばし、タルト型に敷く。上に②を均一にのせて③を並べ、オーブンで約45分焼く。

compote de prunes
プルーンのコンポート

材料(作りやすい分量)
プルーン……500g　　砂糖……大さじ2
りんご……小2個

作り方
1. プルーンは半分に切って種を取り、ざく切りにする。りんごは皮をむいて、ざく切りにする。
2. 鍋に水少々と①を入れて弱火にかけ、フルーツがやわらかくなるまで煮る。
3. ②の味をみて砂糖を混ぜ、マッシャーまたはミキサーで実をつぶす。

....

プルーンはレーヌ・クロードなど数種を混ぜ合わせても。タルトを埋め尽くすほどできるだけ大量にフルーツをのせたい。コンポートはプルーンだけでは味が強いため、りんごを加えてやさしい味わいに仕上げるのがジャン・シャルルさん流。フルーツの熟成度や好みで砂糖の量は加減して。

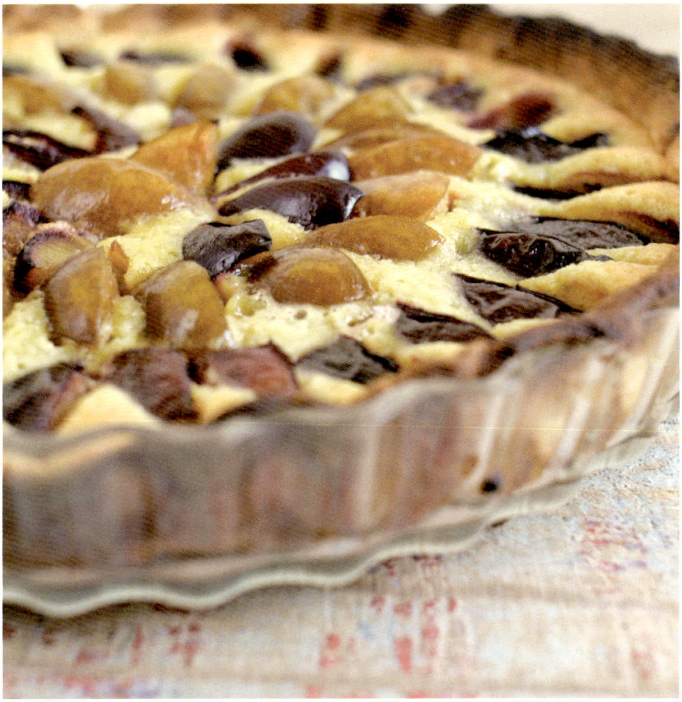

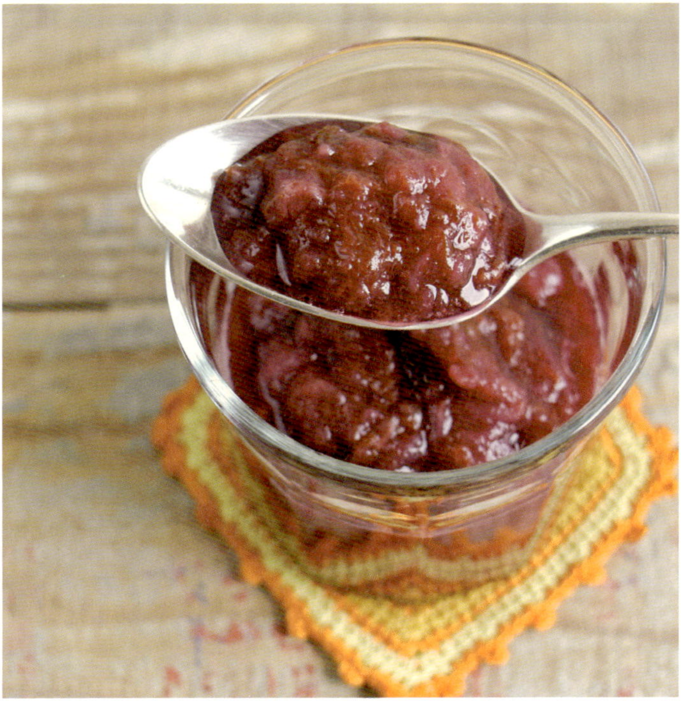

パリのマルシェでよく見かける布袋は、毎年6月に開かれるマルシェ祭の際にパリ市が各スタンドに配るもの。スタンドの人々はその袋に品物を入れて、お客さんたちに渡してくれる。マルシェ祭か直後に行けばもらえる確率が高いけれど、いくつくれるかはスタンドの人次第。袋の表面にはエッフェル塔入りのイラストが描かれ、「マルシェをお祝い」の文字が。袋の色が毎年、微妙に変わり、いろんな色が揃う。

八百屋さん、果物屋さんで野菜やフルーツを入れてくれる紙袋。いつから変わらずにあるのか、レトロな絵柄が多く、店によってデザインの異なる袋をくれるため、捨てられずに溜まっていってしまう。袋によっては、定番料理のレシピや、「フルーツは体にいい！」などの標語が書いてあるものも。カサカサと軽やかに鳴る音にも心が弾む。

買い物が楽しくなる
マルシェの必需品

世の中では「ビニール袋を使わない」とか「マイバッグを持ってこよう」とか、エコがしきりと騒がれているけれど、フランスのマルシェは昔から今の今まで、"紙袋＆マイかご"のスタイルで決めてきた。パリジャンみんなが持っているマルシェかご。あなたはどれがお気に入り？

マルシェでも見かけるかご屋さん。買い物ついでに、かごも物色しよう。

料金受取人払郵便

神田支店承認

5968

差出有効期間
平成22年10月
24日まで

郵便はがき

１０１-８７９１

（受取人）

513

東京都千代田区
神田錦町3-19
楠本第3ビル4F

株式会社 **新紀元社** 行

●お手数ですが、本書のタイトルをご記入ください。

●この本をお読みになってのご意見、ご感想をお書きください。

愛読者アンケート

小社の書籍をご購入いただきありがとうございます。
今後の企画の参考にさせていただきますので、下記の設問にお答えください。

●**本書を知ったきっかけは？**
　□書店で見て　□（　　　　　　　　　　　　　　　　　）の紹介記事、書評
　□小社ＨＰ　□人にすすめられて　□その他（　　　　　　　　　　）

●**本書を購入された理由は？**
　□著者が好き　□内容が面白そう　□タイトルが良い　□表紙が良い
　□資料として　□その他（　　　　　　　　　　　　　　　　　　　）

●**本書の評価をお教えください。**
　内容：□大変良い　□良い　□普通　□悪い　□大変悪い
　表紙：□大変良い　□良い　□普通　□悪い　□大変悪い
　価格：□安い　□やや安い　□普通　□やや高い　□高い
　総合：□大変満足　□満足　□普通　□やや不満　□不満

●**定期購読新聞および定期購読雑誌をお教えください。**
　新聞（　　　　　　　　　　　）　月刊誌（　　　　　　　　　　）
　週刊誌（　　　　　　　　　　）　その他（　　　　　　　　　　）

●**あなたの好きな本・雑誌・映画・音楽・ゲーム等をお教えください。**

●**その他のご意見、ご要望があればお書きください。**

ご住所		都道府県	男女	年齢	歳	ご職業（学校名）	
お買上げ書店名							

新刊情報などはメール配信サービスでもご案内しております。
登録をご希望される方は、新紀元社ホームページよりお申し込みください。

http://www.shinkigensha.co.jp/

元気いっぱいのちびっ子から、品のいい
白髪のおじいちゃんまで、老若男女問わ
ずマルシェに持ってくるのが買い物かご。
さまざまな素材のものがあるけれど、使え
ば使うほどしっくり手に馴染み、味が出て
くる籐や柳のかごはやっぱり人気。左上
の丸いかごや右隣のブルーのかごなど、
水草で作られるカラフルなアフリカ製の
ものが、今のマルシェのトレンド。

Dattes
promo

La Fe

OISSONNERIE

Le nouveau est arrivé!
Beaujolais
Le nouveau est arrivé!
Beaujola

chapitre 3   秋レシピ

あっという間に輝かしい日々も終わり、
再び日の短い、暗くて寒い季節の始まり…。
な〜んてパリジャンたちの沈みがちな心も、
秋のマルシェに行けば、カラリと晴れやかに。
豊かに実った作物たちが、両手を広げて待っている！

champignon
きのこ

年中見かけるのはマッシュルームの"シャンピニョン・ドゥ・パリ (champignon de Paris)"。
大きなきのこの"セップ (cèpe)"は夏から秋、
あんず茸の"ジロール (girolle)"は夏から冬までと期間は長い。
あみがさ茸の"モリーユ (morille)"は例外的に春が旬。
森で見つけた野生のきのこを食べてみたければ、薬局で鑑定してもらうのがフランス式。

「一部のきのこは洗っても問題なし。その後、空焼きして水分を飛ばしてあげるのがコツよ！」
——きのこ屋のカリーヌさん

カリーヌさんのスタンド
16区：プレジダン・ウィルソンのマルシェで水曜、土曜／長いマルシェの真ん中あたり、Ⓜ Alma-Marceau側から見て右側。

chanterelle

shiitaké

カリーヌさんのスタンドはじゃがいも、玉ねぎ、にんにくを扱うPTOA屋でも。秋になると、きのこを取り揃える。/シャントレル：傘は茶色で軸が細くて黄色い、シャキシャキしたきのこ。シイタケ：日本のしいたけはフランスでもシイタケ。トロンペット・ドゥ・ラ・モール：黒色のトランペット型で肉薄。シャンピニョン・ドゥ・パリ・ローズ：香り高いブラウンマッシュルーム。ジロール：あんずのような甘い香りが特徴。プルロット：年中出回るひらたけ。セップ：いくつか種類があり、セップ・ドゥ・ボルドーが一般的。

マロニエの木がはらりはらりと葉を落とし、地面に枯れ葉の絨毯を敷き始めるころ、マルシェもしっとりとした秋のムードに変身する。なかでも秋色を演出する代表格といえば茶、白、黒と、渋い色合で並ぶきのこたち。きのこの種類豊富なフランスでは7、8種類ものきのこだけを扱う専門店だってあるのだ。

「でも今年は寒いから、収穫量はあまり多くないのよ。ランジス市場にもほとんど入ってこないのだから」。まだ9月半ばだというのにゾクゾクッと底冷えのする日、すでにニット帽とマフラーの完全防備で仕事をする、きのこ屋のカリーヌさんが話してくれる。ここ数年、8月のヴァカンス時期は天気の悪い日が続き、ヴァカンスが終わると、もう冬の気配といった感のパリ。秋という季節が短くなるとともに、秋の食材も減るということか…。

それでもカリーヌさんのスタンドにはフランスを代表するきのこがずらり。加熱するとトロリとした食感が楽しめるセップ、甘い香りが心地よいジロール。羊の白い足のような、その名もピエ・ドゥ・ムートンや、死のトランペットと呼ばれる、黒くて不気味なトロンペット・ドゥ・ラ・モールなど、ひねりのきいたネーミングのものまである。パリのきのこと呼ばれるマッシュルーム、シャンピニョン・ドゥ・パリは、元採石所だったパリの地下の空洞で作られていたからだとか。

聞けば聞くほどどれにしようか迷うところながら、香りが飛ぶから洗ってはいけないといわれるきのこ類。セップやマッシュルームなど汚れが取りやすいものならばいいけれど、小さなきのこはちょっと敬遠だな。すると「私もきのこの汚れは刷毛で、なんてやっていられないから、水で洗っちゃうわよ。そのあと炒める前に空焼きして、水分を出してあげればいいだけ。きのこ自身にも水分が多いから、空焼きすることによってパラッと仕上がるのよ」と、カリーヌさんの天からのお言葉。その方法ならば、無精者にもできそうだ。短いパリの秋、せめていろんなきのこを味わって、秋気分を盛り上げることにしよう。

trompette de la mort

champignon de Paris rose

cèpe

girolle

pleurote

カリーヌさんの
きのこを使ったレシピ

dip de fromage blanc avec champignons de Paris

マッシュルームとフロマージュブランのディップ

材料（2人分）
ブラウンマッシュルーム……適量
ブロッコリー、カリフラワー、にんじん……各適量
〈ディップ〉
　フロマージュブラン……100g
　シブレットの小口切り……適量
　マスタード……少々
　塩、こしょう……各少々

作り方
1. ブロッコリー、カリフラワーは小房に分け、茹でる。
2. にんじんはスティック状に切る。
3. マッシュルームは石づきを落とし、刷毛などで汚れを取ってスライスする。
4. ディップの材料を混ぜ合わせる。
5. ①、②、③を盛り合わせ、④をつけていただく。

生で食べられるマッシュルームは、サラダなどにも加えればフレッシュで香り豊かな一品に。白いものよりもブラウンマッシュルームのほうが香りよく、風味も強いのでオススメ。つけ合わせる野菜はきゅうり、小玉ねぎなど家にあるもので構わない。フロマージュブランとはフレッシュチーズのこと。なければ、ひと晩水きりをしておいたプレーンヨーグルトに好みで生クリームを加えて代用を。

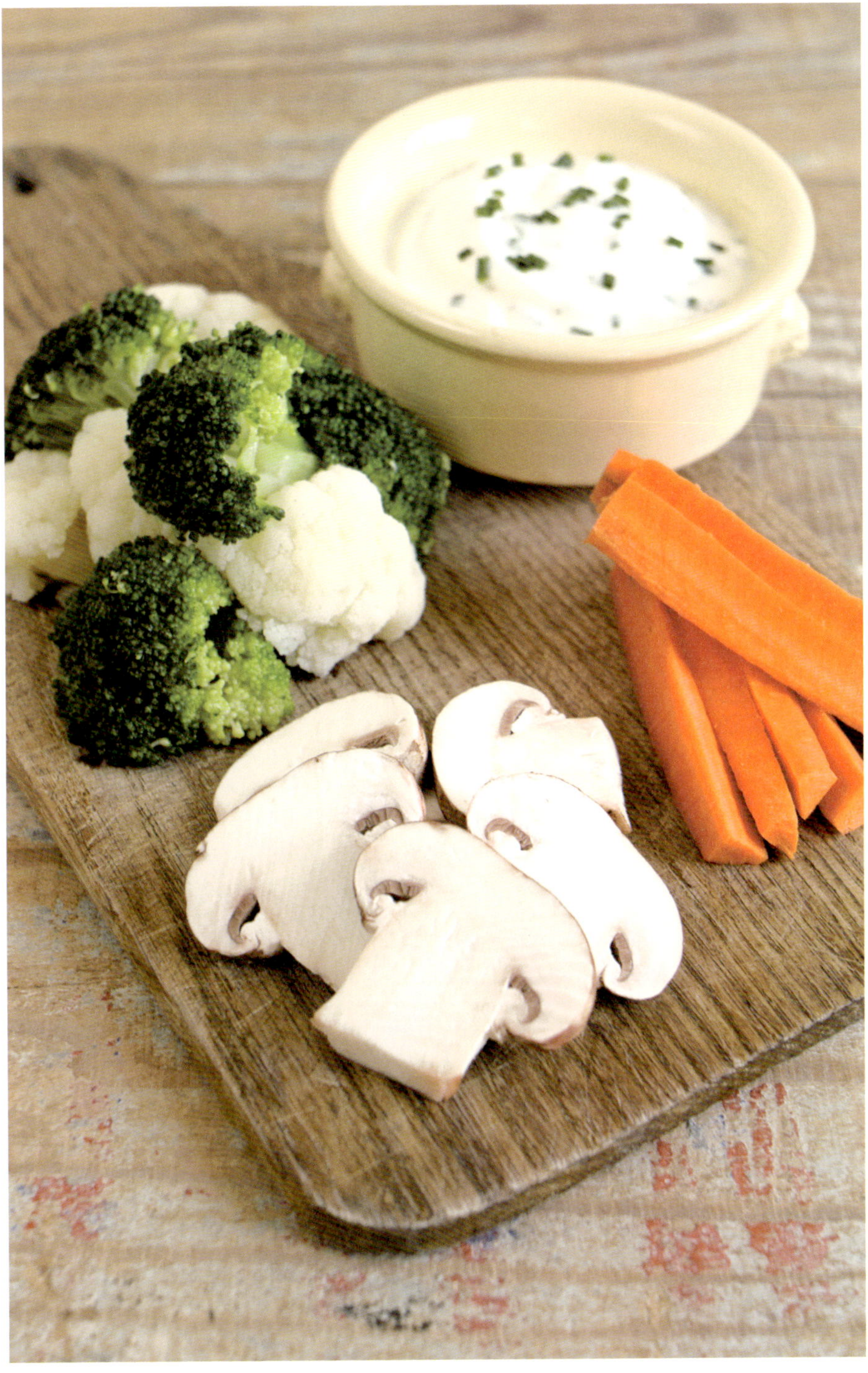

カリーヌさんの
きのこを使ったレシピ

girolles au beurre
ジロールのバター炒め

材料（2人分）
ジロール……250g
エシャロット……1個
にんにく……1片
イタリアンパセリ……2、3本
バター……大さじ1
塩、こしょう……各少々

作り方
1. ボウルに水をたっぷり入れ、ジロールを加えて手早く洗い、水気をきる。大きいものは手で裂いて、食べやすい大きさにする。
2. エシャロット、にんにく、パセリは葉を摘んでそれぞれみじん切りにする。
3. フライパンに①を入れてふたをし、10分ほど弱火にかける。出てきた水分を捨て、ジロールは皿に取り出す。
4. フライパンにバターを溶かし、エシャロット、にんにくを炒める。透き通ってきたら、③のジロール、パセリを加えて炒め合わせる。塩、こしょうで味を調え、器に盛る。

ジロールなどはきのこ自身にも水分が多いため、フライパンで空焼きして水分を飛ばし、パラッと仕上げるのがおいしさの秘訣。ブルゴーニュ地方名産、食用かたつむりの調理に使われる、バター、にんにく、パセリを組み合わせたエスカルゴバターは、いろんな素材に応用できる優れもの。セップやしいたけ、いろんなきのこでお試しを。

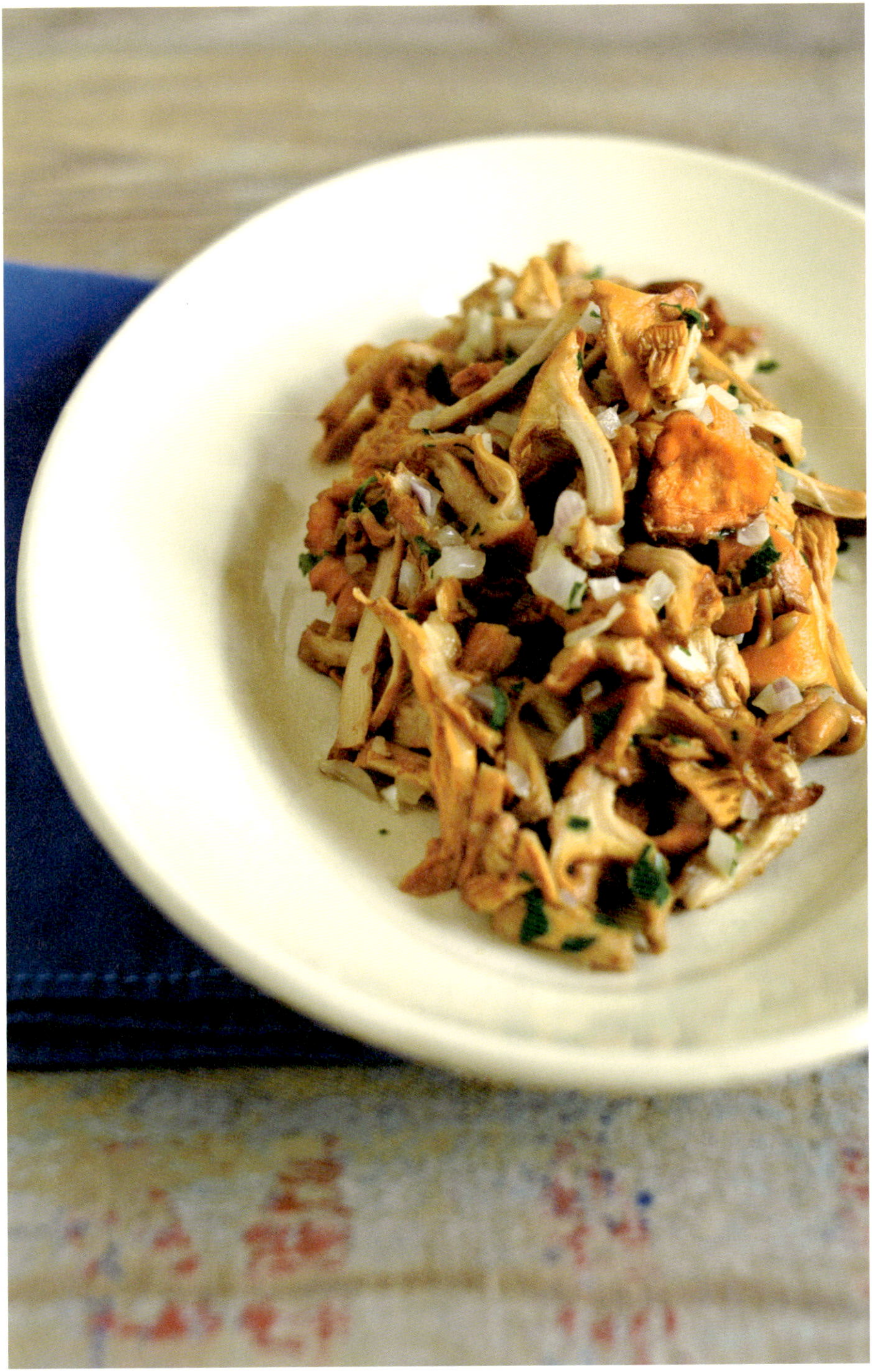

🏠 パトリシアさんのスタンド
17区：バティニョールのビオマルシェで土曜／Ⓜ Place de Clichy側から見て右の通りの右側、一番手前の端。　6区：ラスパイユのビオマルシェで日曜。

「栄養たっぷりの皮ごと調理し、種は炒ってサラダに散らして、余さず召し上がれ！」
——かぼちゃ屋のパトリシアさん

potiron
かぼちゃ

もっとも一般的に売られているのは、皮も身もオレンジ色の
巨大な"ポティロン（potiron）"。同じオレンジ色ながら、
より硬めの皮で小ぶりなものは"ポティマロン（potimarron）"。
どちらもグラタン、ポタージュ、ピュレなどに使うのが、
フランスの家庭での一般的な料理方法。8月半ば〜1月半ばが収穫時期。

potimarron
pâtisson
chestnut cream
pomme d'or
jack be little
potiron
baby boo
giraumon
hokkaido

スタンドにはかぼちゃ以外にも、素朴な表情の季節の野菜やフルーツが並ぶ。/ポティマロン：フランス品種のものはスープ、日本のものはピュレ向き。パティソン：夏に収穫される甘みの少ないもの。チェスナッツ・クリーム：その名の通りクリームのような味わい。ポム・ドール：アーティチョークの風味がある小さなもの。ジャック・ビー・リトル：ポティマロンに似た甘いかぼちゃ。ポティロン：とにかく大きい西洋かぼちゃ。ベビー・ブー：栗の味わいの身も白いかぼちゃ。ジロモン：白とオレンジのツートーンカラーが特徴的。ホッカイドウ（フランス語読みはオッカイド）：お馴染み、緑色の栗かぼちゃ。

フランスのかぼちゃといえば、切って売られている巨大な西洋かぼちゃのポティロン。だいぶ前に日本のホックリかぼちゃのイメージで食し、似ても似つかぬ水っぽい味わいに心底がっかりした記憶がある。第一印象がそんなだから、その後のおつき合いには発展せず、同じくオレンジ色をしたポティマロンも苦手な相手でくくっていた。でも、マロンとつくようにポティマロンは、じつは栗かぼちゃのことだった。「うちのポティマロンは日本品種のもの。フランスのものよりも粉質で甘く、もっとも人気があるのよ」と話すパトリシアさんのスタンドには、かぼちゃばかりがゴロゴロ並ぶ。

彼女が売る作物は、野菜栽培者のジルさんによるビオロジックのもの。パリにラスパイユとバティニョールのふたつのビオマルシェができたのが1990年前後。その数年前からビオロジックで栽培を始めていたジルさんは、ふたつのマルシェで先頭をきってビオ野菜を売り始めたのだ。ジルさん曰く、食品に含まれる添加物の構成を読み、「こんなんで死にたくねぇ」と恐ろしくなったのが始まりだとか。かぼちゃばかりを作り出すようになったのも、彼の住むパリの東隣、セーヌ・エ・マルヌ県の気候に合った作物だから、と自然に沿った農法を貫く。そして今や、かぼちゃなどのうり類を約40種類も栽培する、めずらしいかぼちゃ専門店と相成ったのだ。

でも野菜作りはお得意のジルさんも販売には不向きのようで、マルシェの売り子はもっぱらパトリシアさんの役目。初対面のちょっと変わった形や色のかぼちゃを、テキパキと紹介してくれる。「クリーム色のひょうたん型はバターナッツで、ほのかにヘーゼルナッツの味わいよ。私が好きなのは緑の縞が入った細長いチェスナッツ。丸ごと蒸して半分に切り、シェーヴルチーズをのせてオーブンで約20分焼くの。これがもう、最高！」。そんななか、日本の栗かぼちゃ、緑色のホッカイドウと再会。パリのマルシェで日本出身の栗かぼちゃにお会いできるとは！ 今後はぜひ、親密なおつき合いをお願いしたいところだ。

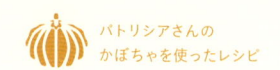

gratin de potimarron entier
丸ごと栗かぼちゃのグラタン

材料（2人分）
栗かぼちゃ……小1個（約600g）
エシャロット……1個
にんにく……1/2片
イタリアンパセリ……2、3本
しいたけ……4個
サーモン……150g
オリーブ油……適量
塩、こしょう……各少々
好みでチーズ……適量

作り方
1. かぼちゃは丸ごとラップで包み、電子レンジで2～3分加熱し、切りやすいようにやわらかくする。へたのある上の部分を切り取り、スプーンで種を取り出す。かぼちゃの中身も少々削って取り出し、ざく切りにしておく。
2. エシャロット、にんにく、パセリは葉を摘んでそれぞれみじん切りにする。しいたけは石づきを切り落とし、薄切りにする。サーモンは皮を取り除き、2cm幅の棒状に切る。
3. オーブンは180度に熱しておく。
4. フライパンにオリーブ油を熱し、サーモンの表面全体をさっと焼いて取り出す。
5. ④にエシャロット、にんにくを加えて透き通るまで炒め、しいたけ、パセリ、①のかぼちゃの中身を加えて炒め合わせ、塩、こしょうを振る。
6. ⑤にサーモンを戻し入れ、混ぜ合わせる。
7. ①のかぼちゃの器に⑥を詰め、切り取った上の部分をのせて耐熱皿に入れ、オーブンで約40分焼く。
8. かぼちゃに火が通ったら、かぼちゃのふたを取り除き、好みでチーズをかけて再びオーブンに入れ、チーズが溶けるまで焼く。

硬いかぼちゃは初めにレンジで加熱すれば、切るときもラクラク。かぼちゃの器には白身魚やえび、ひき肉などなにを入れても相性よし。シンプルにかぼちゃを味わいたいならば、チーズはかけなくてもOK。テーブルに丸ごと出して切り分ければ、子どもたちも大喜びな楽しい一品に。

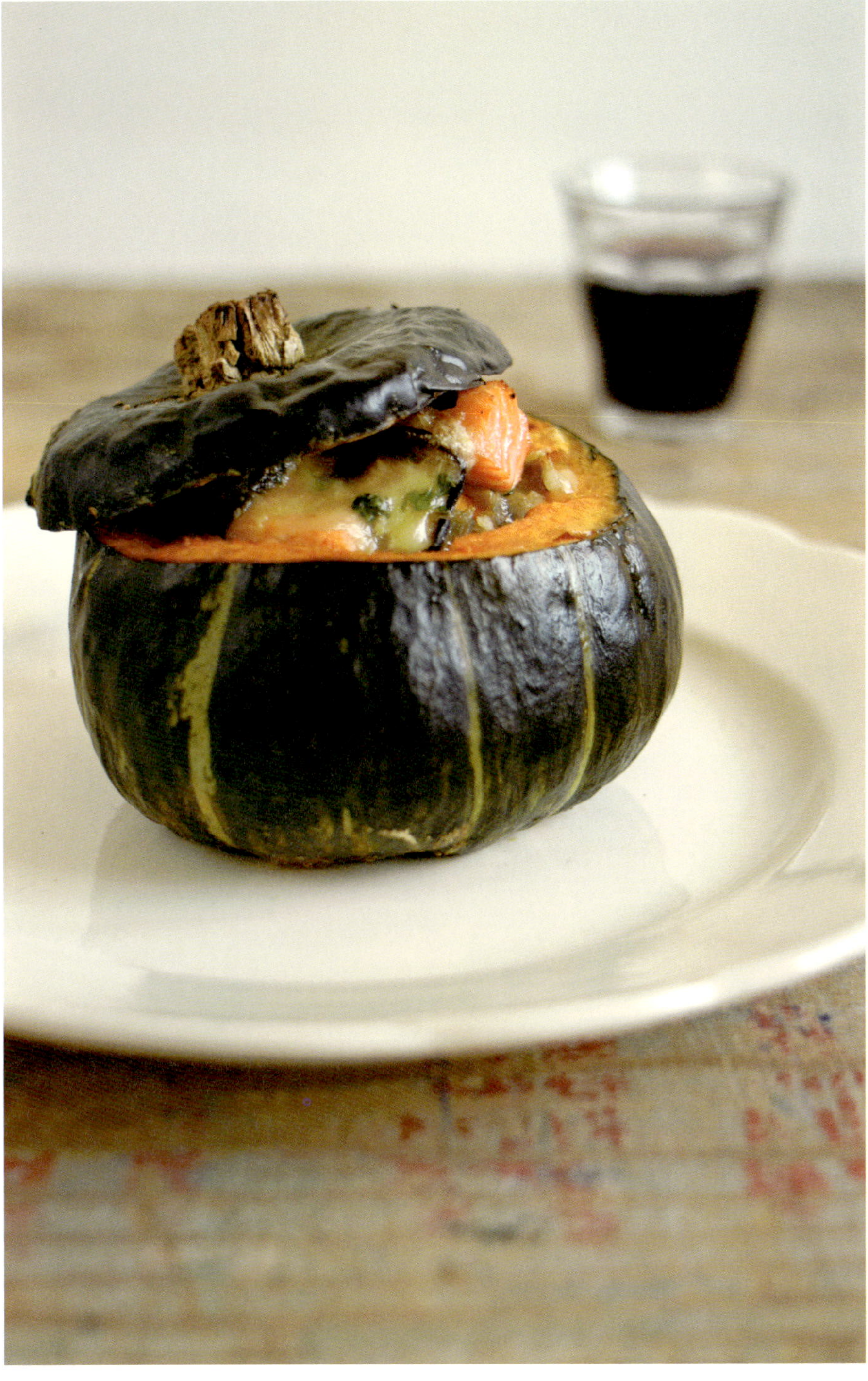

vin
ワイン

ブルゴーニュ地方からローヌ・アルプ地方にまたがるボジョレー地区の新酒は、
お馴染み "ボジョレー・ヌーヴォー（beaujolais nouveau）"。
より狭い範囲のボジョレー・ヴィラージュ地区で生産される新酒は、
"ボジョレー・ヴィラージュ・ヌーヴォー（beaujolais villages nouveau）" という。
長期保存用ワインではないので、解禁日より数カ月内で飲むのが基本。

「フレッシュでフルーティな
ボジョレーワインは、
アジア料理にも
とってもよく合うのよ」
——ワイン屋のファビエンヌさん

🏠 **ファビエンヌさんのスタンド**
<u>12区</u>：クール・ドゥ・ヴァンセンヌのマルシェで土曜／Ⓜ Nation側から見て右側。エマニュエルさんのりんご屋（P116）とジャン・フランソワさんの八百屋（P12）のあいだ。　<u>15区</u>：グルネルのマルシェで日曜。　<u>11区</u>：バスティーユのマルシェで日曜（旦那さん担当）。

"11月第3木曜"といえば、日本でも知名度の高いボジョレー・ヌーヴォーの解禁日。ボジョレー地区で栽培されたぶどうで造られる新酒で、その年のぶどうの出来を知るためのものでも。本場、パリではワインバーやワイン屋、マルシェでも試飲会が行われるけれど、ヌーヴォーは若すぎて苦手というフランス人も多く、街中で盛り上がるというほどではない。それでもワイン屋のファビエンヌさんのスタンドは、解禁週はいつも以上に賑やかに。ヌーヴォーのロゴが頭上で揺れ、ちょっとしたお祭ムードだ。

ファビエンヌさんの旦那さん、ジャン・ポールさんのワイン好きが高じて、ローヌ県でワイン造りを始めたのが1983年のこと。1ヘクタールから少しずつ大きくしていったぶどう畑も、今や計32ヘクタールに。ボジョレー、ボジョレー・ヴィラージュのほかに、フルリー、ブルイィ、モルゴンなど、ボジョレー地区のAOCワインを造り出している。ヴァカンスやぶどうの収穫時期を除けば、週末は夜中に家を出発し、朝6時にパリ到着後、マルシェで店を開くという生活を10年も続けているのだ。

9月末、ぶどうの収穫でマルシェを休んでいたファビエンヌさんが店を再開すると、常連さんたちが次々に今年の出来栄えを聞きにやってくる。「今年はぶどうの収穫量はとても少なかったのだけれど、そのぶん、味が凝縮されていてすばらしい出来よ」と満足げなファビエンヌさん。この言葉によってボジョレーファンは、さらに解禁日が待ち遠しいものになるのだろう。

そして待ちに待った解禁日の週、ファビエンヌさんにとっては、今年育ててきたぶどうの評価が下される、子どもの通信簿をもらうような気分。いち早くかけつける常連さんはもちろん、おっかなびっくり立ち止まる若い人たちにも、自分が造った生まれたてのワインを差し出す。そして、みんなの満足そうな笑顔を見て、ようやくファビエンヌさんはほっとひと息。そのころ、パリはすっかり冬の装いだ。

ワイン屋のないマルシェでも、ボジョレー・ヌーヴォーのワインを試飲用に配ってくれるところもある。ファビエンヌさんはボジョレーとボジョレー・ヴィラージュ、両方の新酒を扱い、ヴィラージュのほうが一般的に味わい豊か。ボジョレーの試飲のお供に出されるのは揚げた豚肉がお決まり。新酒以外のボジョレー地区ワインは4,5年保存可。シャルドネ種のさわやかな白ワイン、ブルゴーニュ・ブラン（bourgogne blanc）、ガメ種のフルーティな赤ワイン、フルリー（fleurie）、ブルイィ（brouilly）も人気。

beaujolais villages nouveau

ファビエンヌさんの
ワインを使ったレシピ

bœuf bourguignon
ブフ・ブルギニョン

材料（4人分）
赤ワイン……1本（750ml）
牛肉（すね肉、首肉、肩肉など）……700g
玉ねぎ……1個
にんじん……1本
にんにく……1片
ブーケガルニ……1束
ベーコン……200g
マッシュルーム……250g
バター……大さじ1
サラダ油……大さじ1/2
小麦粉……大さじ1
塩、こしょう……各少々
好みでパスタ、バター……各適量
イタリアンパセリのみじん切り……適量

作り方
1. 牛肉は大きめの角切りにする。
   玉ねぎは薄切りに、にんじんは輪切りにし、にんにくはつぶす。
2. ボウルに①、ブーケガルニを入れてワインを注ぎ、
   冷蔵庫に入れて2時間〜ひと晩寝かす。
3. ②から肉を取り出し、汁気をきっておく。
   野菜とともにマリネ液は取っておく。
4. ベーコンは1cm幅の棒状に切り、マッシュルームは石づきを切り落とす。
5. 鋳物製鍋にバター、サラダ油を熱して③の肉を入れ、全体が色づくまで焼く。
   色づいたら肉を取り出し、ベーコンを鍋に入れて炒める。
6. ⑤に肉を戻して小麦粉をまんべんなく肉の上に振り、よく炒め合わせる。
7. ⑥に③のマリネ液を野菜とともに加える。
   煮立ったらアクを取り、ふたをして弱火で1時間ほど煮る。
   途中でマッシュルームを加え、計2時間以上じっくり煮込む。
8. ⑦のとろみが足りなければ、肉を取り出してソースを煮詰め、
   塩、こしょうで味を調える。肉を戻してソースにからめる。
9. 器に⑧を盛り、好みで茹でてバターであえたパスタを添え、パセリを振る。

煮込めば煮込むほどおいしいワイン煮は、時間に余裕があるときに作りたい。コクのある赤ワインを使えばより深い味わいに仕上がるけれど、本来飲み残しのワインで作るものだから、家にある安いもので充分。心地よいワインの香りを嗅ぎながら、3時間ほどじっくり煮込むのが理想的。

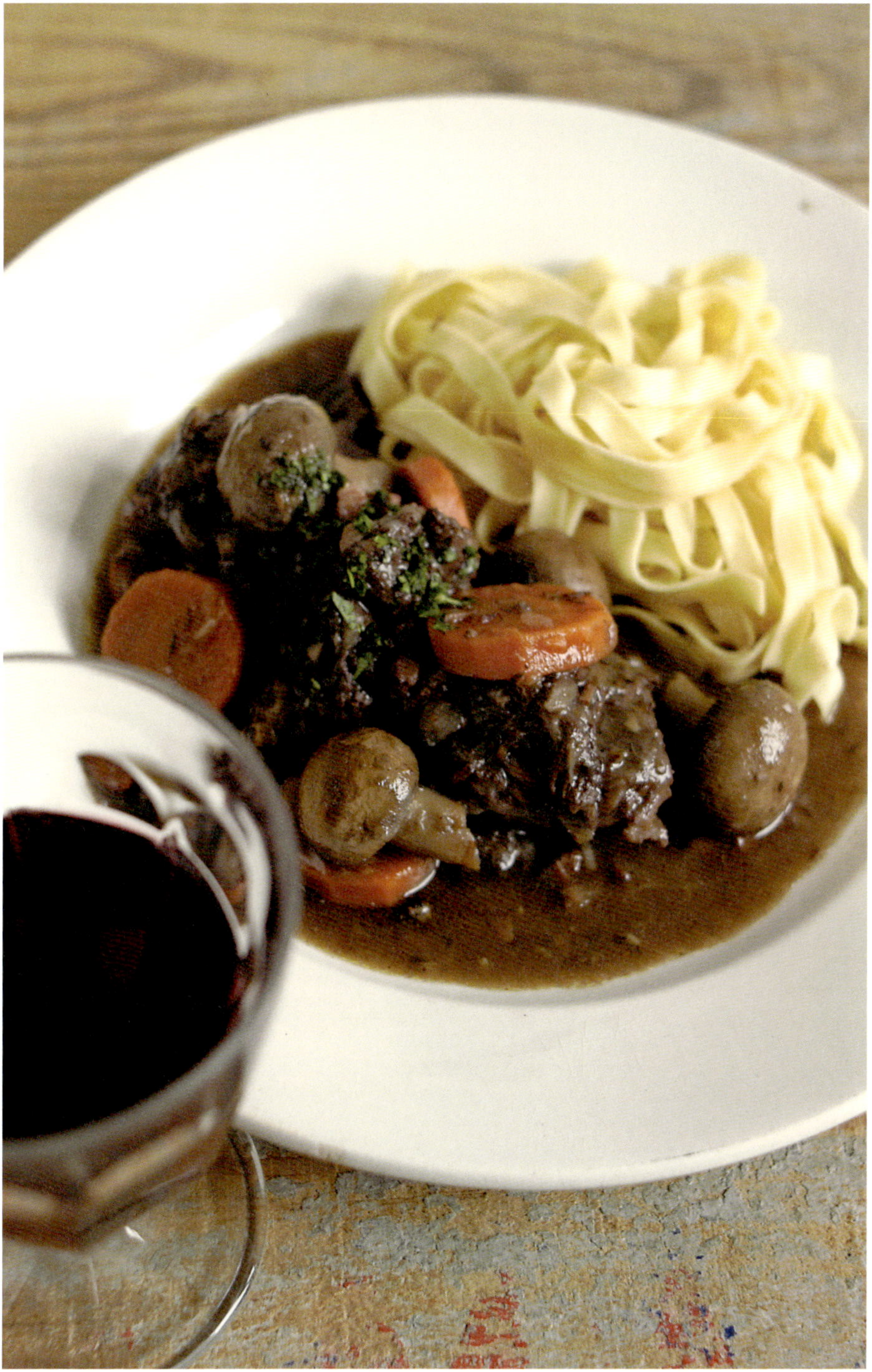

✧ ファビエンヌさんの
ワインを使ったレシピ

vin chaud
ホットワイン

材料（2人分）
赤ワイン……500ml
オレンジ（無農薬）……1個
砂糖……50g
シナモンスティック……1本
丁子……2個

作り方
1. オレンジは皮を薄くむき、白いワタを取り除いて輪切りにする。
2. 鍋にワイン、砂糖、①のオレンジの皮、シナモン、丁子を入れて弱火にかけ、表面がフツフツしてきたら火を止め、オレンジの輪切りを加えて冷ます。
3. ②が完全に冷めたら弱火で温め、耐熱グラスに注ぐ。

寒くなるとパリの街中のカフェには"ホットワインあります"のプレートが現れ、クリスマス市でも必ず見かける、体をほっこり温めてくれる定番飲み物。ワインはなにを使ってもいいのだけれど、ボジョレーで作るとよりフルーティ。フルーツやスパイスの種類、分量は調節して、好みのブレンドを楽しんで。ワインが苦手な人でもハマること間違いなし。

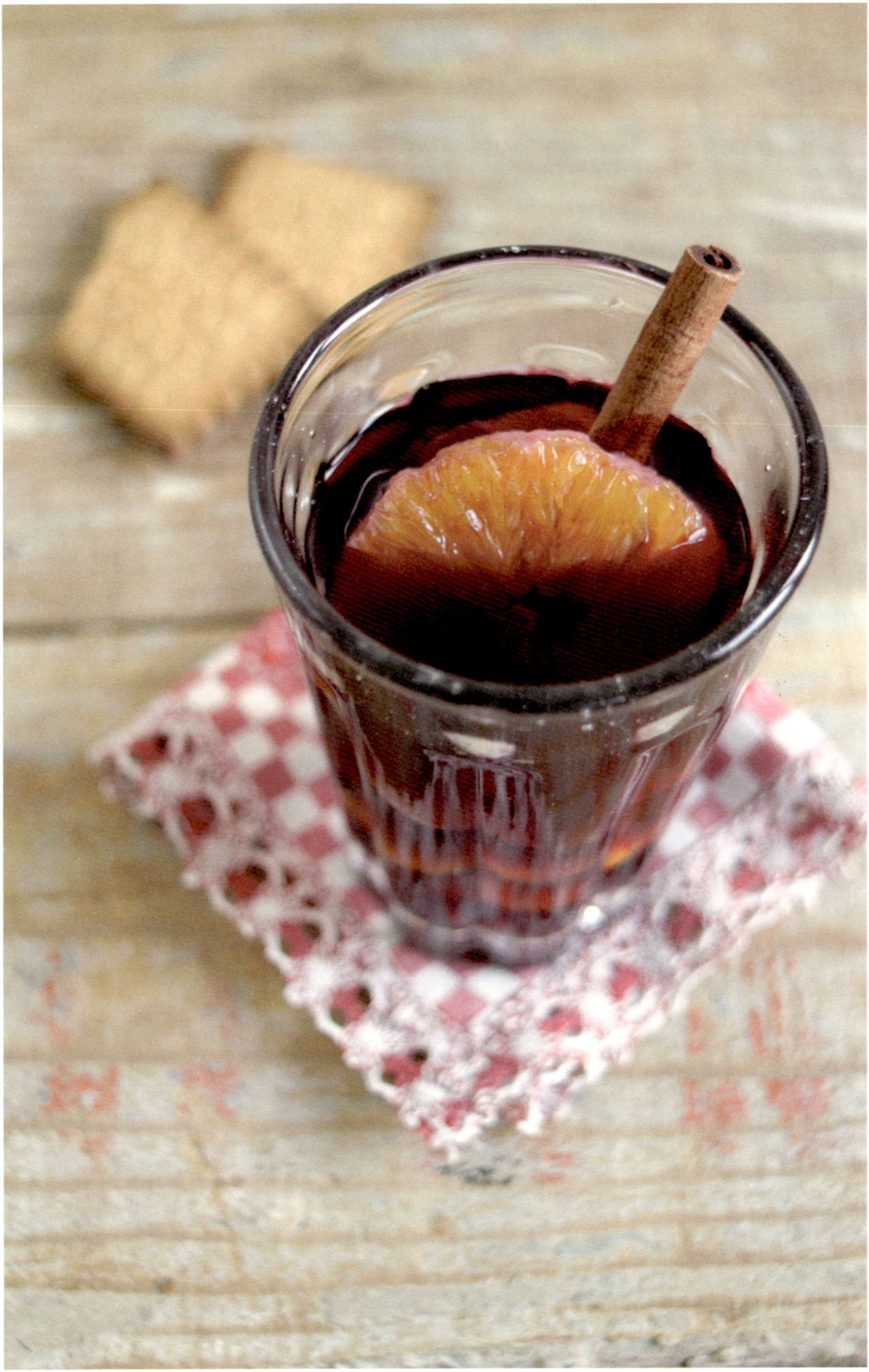

エルワンさんのスタンド
<u>16区</u>：ポワン・デュ・ジュールのマルシェで火曜、木曜、日曜／Av. de Versailles と Rue Le Marois のぶつかった三角広場の Rue Le Marois の道側。

「脂がのったさばは
マスタードと一緒に焼いて、
さっぱり仕上げてね」
——魚屋のエルワンさん

maquereau
さば

日本では半身で売られていることが多いけれど、
フランスでは小さなものから大きなものまで
さまざまなサイズで揃うさば "マクロー (maquereau)"。
10〜12cmの小さなものは "リゼット (lisette)" と呼ばれることも。
季節は春から秋ながら、今や年中、店頭に並ぶ。

どうもマルシェの魚屋にはほかの店にはない独特の雰囲気が漂っている気がする。台の上一面にのせられた氷のひんやり感なのか、働く人々がつける白いエプロンのせいなのか。今や女性もいるけれど、たいてい威勢のいいお兄ちゃんが多く、魚をおろす華麗な包丁さばきを見ているだけで、男気さえ感じてしまう。そんな気のいい兄貴といった感じのエルワンさんとオリヴィエさんの2人組が働くのが、この魚屋。

元パトロンが隠居すると同時に、店を継いでから早10年。ランジス市場に午前2時に出かけ、新鮮な魚介を仕入れてくるのはエルワンさんの役割だ。平日と週末では仕入れる量も仕入れるものも異なるという。「たとえば手長えびなど、食べるのに時間がかかるものはのんびり食事を楽しめる週末にしか売れないんだ。それに平日と週末では、売り上げが倍以上違うんだからね」。平日はのんびりムードも漂うマルシェながら、週末の殺気ともいえる活気ぶりにその言葉もうなづける。しかもフランス人って、普段はあまり魚を食べないのでは？

「いろんな魚介の値段は上がる一方で、高級なイメージもあるのかも。適度な値段に止まっているのはさばぐらいだよ」というエルワンさん。フランス語では"売春婦のヒモ"なんて意味もあるさばだけれど、心強い庶民の味方をそんなにばかにしちゃいけない。でも、さばの塩焼きや味噌煮で育った者としては、フランス料理のさばってちょっと想像がつかない。まさか、脂の多い魚をクリーム系ソースでは食べないよね、と不安気な日本人に紹介してくれたのが、さばのマスタード焼き。「3枚におろしたさばの身側にマスタードを薄く塗って焼くだけ。ピリッとマスタードがきいてさっぱり食べられるよ。ブルゴーニュ地方、ディジョンの辛みが強いマスタードを使ってね」と説明し、早業でさばを3枚におろしてくれるエルワンさん。至れり尽くせり！やっぱり魚屋のお兄ちゃんは頼もしい。

「じゃ、ランジス市場に連れて行ってあげようか？」。はい！え？朝2時にですか？　　　（→P94に続く）

温和なエルワンさんとひょうきん者のオリヴィエさんの名コンビ。お互いにお客さんの相手をし、冗談をいい合いながらも、手は確実に魚を処理していく。さばは、ほかにもハーブで焼いたり、白ワインで蒸したり、焼いてほぐしてクリームと混ぜ、パテ状のリエットにもできる。

maquereau

エルワンさんの
さばを使ったレシピ

maquereaux à la moutarde
さばのマスタード焼き

材料（2人分）
さば……小2尾
西洋ねぎ（なければ下仁田ねぎなど甘味のあるもの）……3本
バター……大さじ1/2
オリーブ油……適量
生クリーム……大さじ1
塩、こしょう……各適量
マスタード……適量
あればイタリアンパセリ……少々

作り方
1. ねぎは斜め薄切りにする。
2. フライパンにバター、オリーブ油少々を熱し、①を弱火でじっくり炒める。生クリームを加えて混ぜ合わせ、塩、こしょうで味を調える。
3. さばは3枚におろして両面に塩、こしょうを振り、身側全体にマスタードを薄く塗る。
4. フライパンにオリーブ油少々を強火で熱し、③の皮側を下にして入れ、焼き色がついたら弱火にし、必要ならばふたをしてひっくり返さずに中まで火を通す。
5. さばに火が通ったら器に盛って②を添え、あればパセリを飾る。

マスタードがピリッときいたさばは、普段のおかずにももってこいの親しみやすい味わい。いわしや鱈など、いろんな魚で応用ができる。マスタードはお好みで粒マスタードを使っても。大きな厚みのあるさばならば、両面を焼いてからマスタードを塗り、さらに焼いて火を通して。ねぎは弱火でじっくり炒め、とろけるようにやわらかく仕上げるのがコツ。

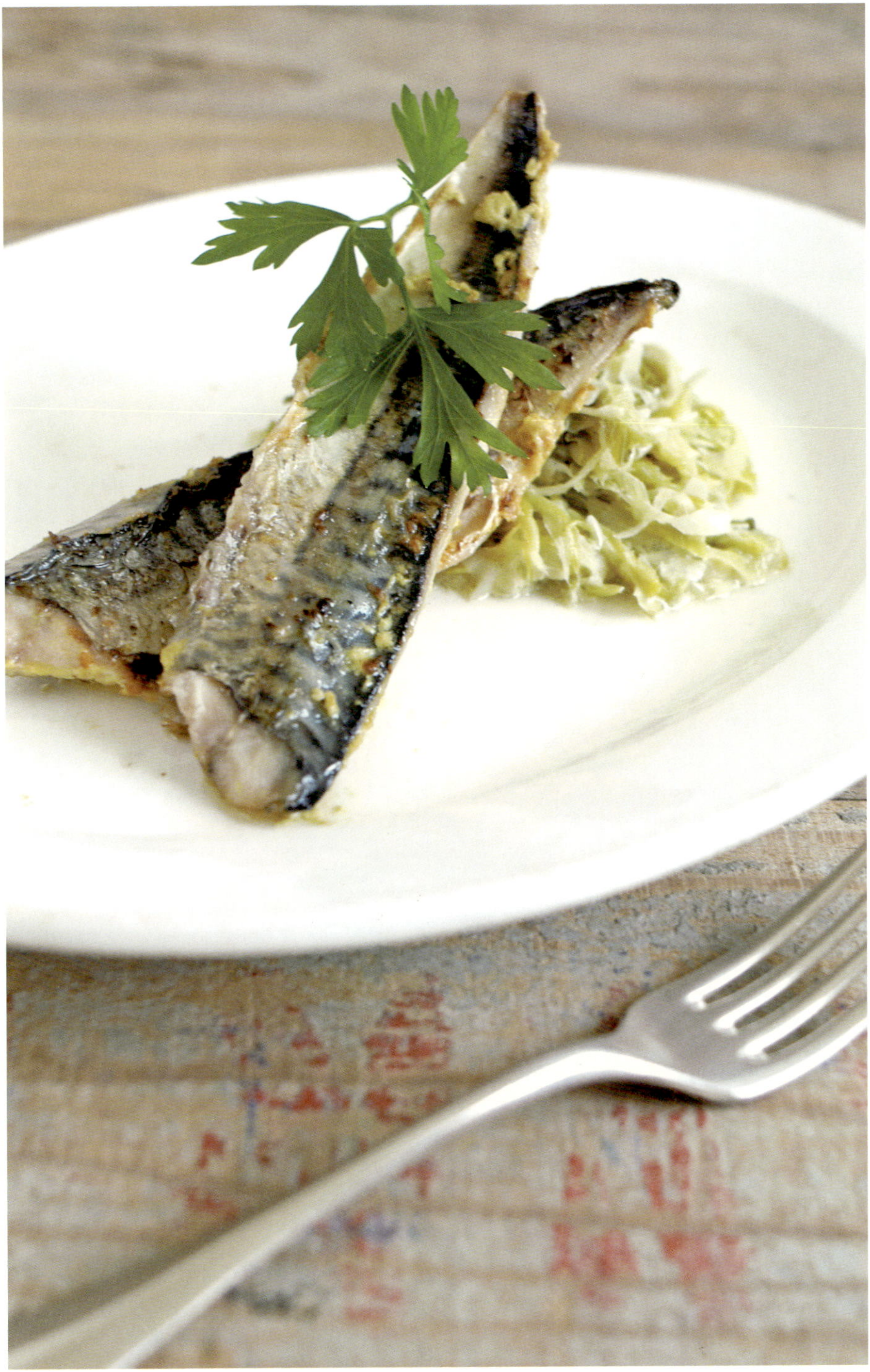

châtaigne
栗

一般的に栗といえばフランス語で"シャテーニュ (châtaigne)"。
栗の木の改良種でマロングラッセなどに使われる大粒の栗は"マロン (marron)"。
パリの街路樹のひとつ、マロニエの木に生り、秋に石畳に落ちる果実も
マロンと呼ばれるけれど、こちらは食べられないのでご注意を。
AOCはローヌ・アルプ地方のアルデッシュ産"シャテーニュ・ダルデッシュ (châtaigne d'Ardèche)"。

「栗は料理にも使うけれど、私も子どもたちも、断然デザートにするのが好き」
——肉屋のスザンヌさん

スザンヌさんのスタンド
17区：バティニョールのビオマルシェで土曜／Ⓜ Rome側から見て右の通りの右側。　6区：ラスパイユのビオマルシェで日曜／Ⓜ Rennes側から見て真ん中あたりの右側。

本来は肉屋だけれども、ちょっとした野菜やフルーツも置かれているのが、自家製っぽい。パパとママンとお揃いの大きな白衣を着たマリーちゃん。「なににしましょうか?」なんて声をかけることも。扱う肉はもちろん、自家製パテもすべてビオ製品。パリでは寒くなると街中に焼き栗屋が現れ、温かい焼き栗を新聞紙に包んでくれる。

一度だけ、赤ちゃんを乗せた乳母車を揺らしながらチーズ屋を営む若夫婦を見かけたことがあるけれど、子連れで仕事をする店をパリのマルシェで見かけることはそうそうない。そんなめずらしい、文字通り、家族経営の店がラムース家の肉屋。夫のジャン・フランソワさんと奥さんのスザンヌさんに娘のマリーちゃん、ほかに息子が2人。みんな揃ってノルマンディー地方からパリのマルシェにやってくる。息子たちはあっという間に姿を消してしまったけれど、マリーちゃんは大きなナイフを持ち、なにやら肉の切り分けに奮闘中。「みんなマルシェが好きなのよね。旦那もそうやってマルシェで育ったのよ」とスザンヌさんが微笑みを浮かべる。

ジャン・フランソワさんはオート・ノルマンディー地方で有機家畜を飼育する家に生まれた3代目。有機農法を行うには長い年月が必要と、"家族代々の伝統"であるビオロジックを受け継いだ。自然の中で飼育されている羊や豚、ウサギ、ニワトリなどが自由に歩き回れる牧場の広さは40ヘクタール。スタンドにはそこから運ばれてくる巨大な肉の塊が並び、その横にはスザンヌさんお手製のパテが置かれている。豚肉やウサギ肉、鴨肉などを使い、大きなテリーヌ型で作られる数種類の特製パテは、どれも肉の旨みが凝縮された濃厚な味わい。そのほか、広い敷地内で季節ごとに収穫される、有機栽培の野菜や果物もマルシェのスタンドを彩っている。その素朴な雰囲気は、田舎から農家をそのまま丸ごとパリに持ってきたような温かさ。

そんなおまけのように置かれた作物の中で栗を見つけたのは、10月初めのこと。「栗は皮をむくのが大変だけれど、むいてしまえばあとは肉料理に加えてもOK。肉と一緒に焼いて肉汁をからませれば、おいしいつけ合わせになるわ。でも私も子どもたちも好きなのは、栗のピュレ。加える砂糖は少なくしてチョコレートをかけるのがみんなのお気に入り」と、スザンヌさんが説明する横で、マリーちゃんがにっこり。これは買わずにはいられまい。

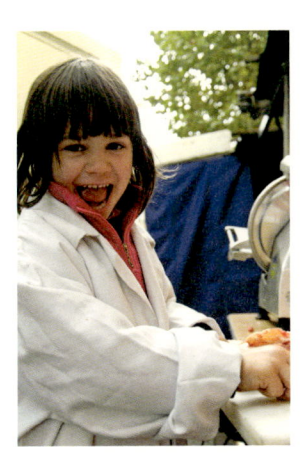

châtaigne

スザンヌさんの
栗を使ったレシピ

purée de châtaignes
栗のピュレ

材料(作りやすい分量)
栗……1kg
牛乳……適量
好みで砂糖……適量
ブラックチョコレート……適量

作り方
1. 鍋にたっぷりの湯を沸かし、栗を入れて火を止め、そのまま冷ます。
2. 完全に冷めたら栗を取り出し、水気をきってやわらかくなった鬼皮をむき、渋皮も取り除く。
3. ②の栗を鍋に入れ、ひたひたになるまで牛乳を注ぎ、弱火にかけて約30分煮る。
4. 栗がやわらかくなったら、マッシャーでつぶすかミキサーにかけ、ピュレ状にする。味をみて、お好みで砂糖を加える。
5. チョコレートは湯せんで溶かす。
6. ④を器に盛り、⑤をかけていただく。

どうやっても時間がかかる栗の皮むきは、秋の夜長を利用して気長にトライしたいもの。ようやく皮がむけたら、あとは牛乳で煮るだけ。栗の甘さがあるため、砂糖の量は味をみて好みで調節を。マッシャーでつぶして栗の粒が少々残っていても、美味。食べるときは温めたほうが断然おいしい。チョコレート以外にも、アイスクリームなどを添えてもイケる。

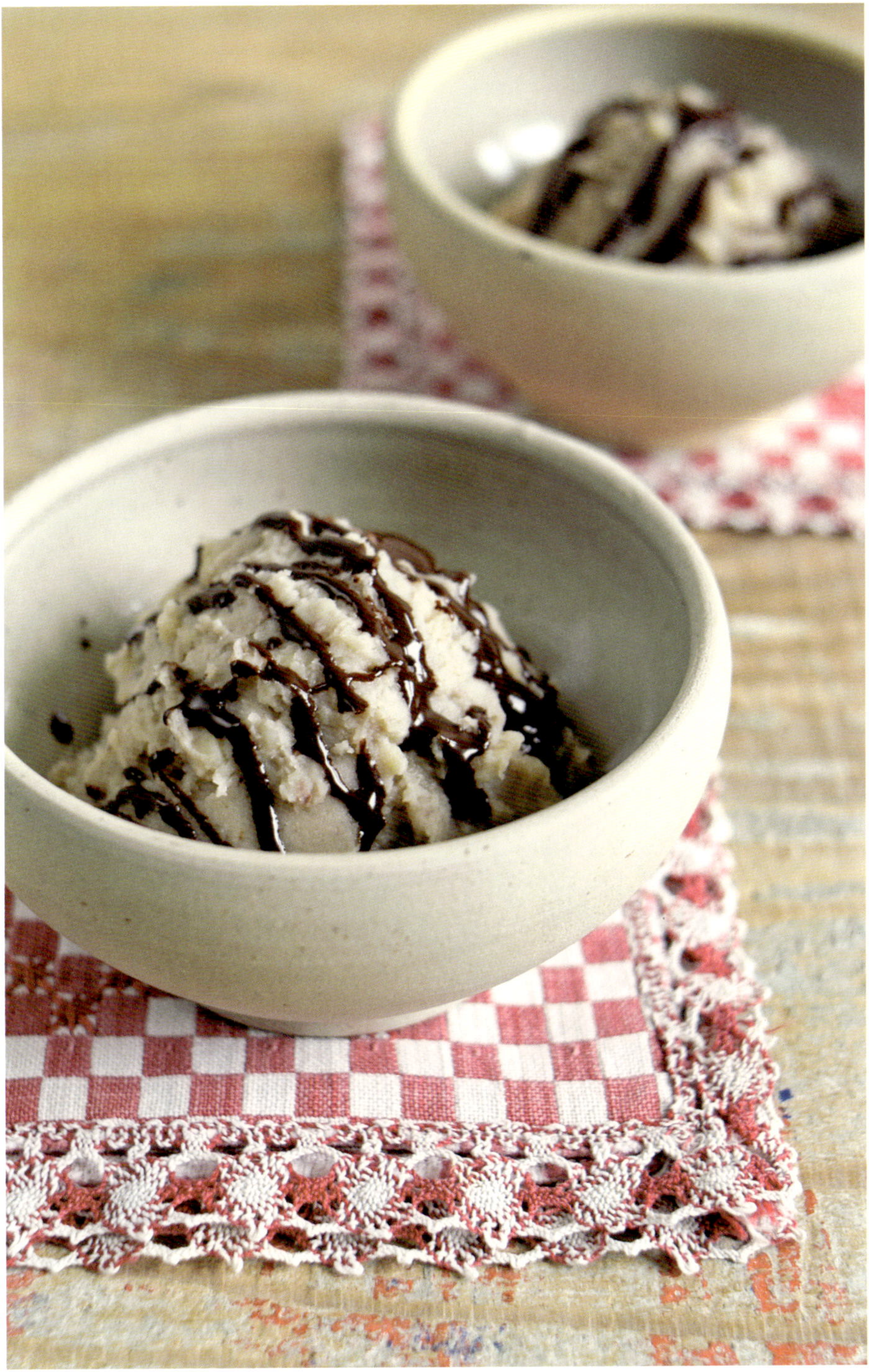

フランス人は働き者？
マルシェのなが〜い1日

午前2時、草木も眠る丑三つ時、
魚屋のエルワンさん（P86）に連れられてやってきたランジス市場。
ここからがマルシェの長〜い1日のはじまり、はじまり…。（取材は5月末）

一般的な人々が眠りに就く ころ、ランジス市場に着くと 駐車場にはすでにトラック がいっぱい並んでいる。

AM 2:00

煌々と明かりが点いた巨大な倉庫の中は、まるで昼間の活気。ほかの食材より、一番早く始まるのが魚介の市場だ。

電話で注文をしてあるため、市場で交渉することはあまりないとか。食材をカートに着々と積んでいくエルワンさん。

AM 3:00

見学者は市場に入る前に、ビニール製の上っ張りを着けるのが義務。自動販売機で、ビニール帽もついて2ユーロで購入可。

見たこともない奇妙な魚がところどころで顔を出す。ランジス市場では、年間約14万トンもの魚介類が取引されるという。

市場をグルグル回っているうちに、エルワンさんはすでに食材をトラックへ。買い忘れがないか、しっかりチェック。

AM 4:00

「今日はフランスの漁師たちのストライキで、入ってくる魚介の量は少ないんだよ」という卸売商のムッシューたち。

敷地内にあるパン屋さんで焼きたてのパン・オ・ショコラを買って朝食（夜食？）。カフェでコーヒーを飲みながら仲間たちと情報交換。

各卸売店のカウンターをめぐって伝票をもらう。このころには、すでに店じまいをするところもチラホラ。

人が少なくなりつつあるランジス市場をあとにし、向かった先はパリ郊外にあるガレージ。ここで約400kgもの氷をトラックに詰め込む。

AM 5:00

トラックの積み荷を半分に分け、エルワンさんの相棒、オリヴィエさんと奥さんは別班でパリ15区のマルシェへ。ようやく空が明るくなってきた。

94

AM 6:00

本日のマルシェはパリ郊外、ジフ・スュル・イヴェットの小さな町。まだガランとした、なにもない場所に店作りを始める。

氷の上に1尾魚、切り身、甲殻類、加工品などを種類別に並べる。おいしく見えるようなディスプレイは各店の腕の見せ所。

店を手伝うトマくんとクリスティーナさんと、天板の上に大量の氷をのせていく。品物をのせやすいよう、平らにするのがポイント。

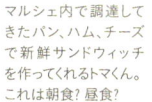

マルシェ内で調達してきたパン、ハム、チーズで新鮮サンドウィッチを作ってくれるトマくん。これは朝食？昼食？

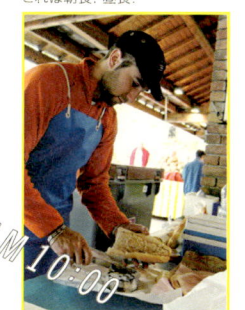

八百屋、肉屋、花屋などすべての店が準備万端。ここはパリ内では見かけないけれど、マルシェ専用の屋根のみが広場に設置されているタイプ。

AM 8:00

やってくる人々が多くなり、賑わっていくマルシェ。ず〜っと働きづめのエルワンさんは、疲れも見せず接客中。根性なしはトラックでついに仮眠zzzzz。

AM 10:00

ポツリポツリとお客さんたちがやってくる。気の早い人は開店準備の最中にすでにウロウロ。カフェで休憩はこの隙に。

PM 12:00

誰かさんが寝ているあいだにマルシェは盛況を迎え、徐々に人が引き始めるころ。母の日だったこの日は、かわいい女性がバラを配ってくれていた。

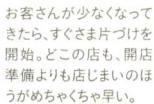

お客さんが少なくなってきたら、すぐさま片づけを開始。どこの店も、開店準備よりも店じまいのほうがめちゃくちゃ早い。

あっという間にマルシェは元の広場に戻る。ゴミが散乱し、パリならば捨てられた食べ物を探しに第2のお客さんたちがやってくる。

PM 2:00

ゴミの山は清掃局の人々が掃除をして、きれいさっぱり。このあと、エルワンさんは伝票を整理したり、まだ仕事はあるのだけれど、マルシェの仕事はこれにて終了。お疲れさまでした！

ランジス市場 Rungis Marché International

以前はパリのど真ん中のレ・アールにあった"パリの胃袋"が、7km南に離れたランジスに移ったのが40年前。それ以来、各国からすべてのモノが集まる国際市場として、世界一の規模を誇るランジス市場。毎日3万もの人が売買に訪れ、年間で約150万トンの食材をやり取りする。一般人は購入できないが、魚介、肉、野菜＆果物、乳製品、生花のそれぞれの巨大な倉庫を見学できる（要予約）。URL：http://www.visiterungis.com

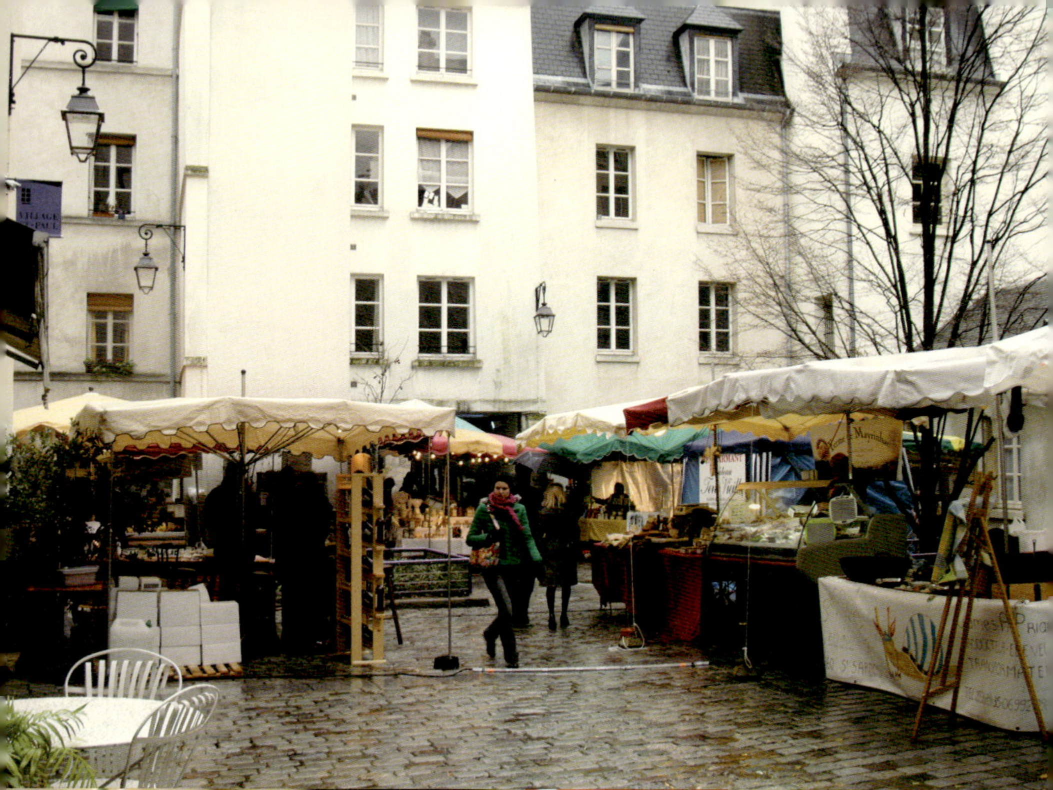
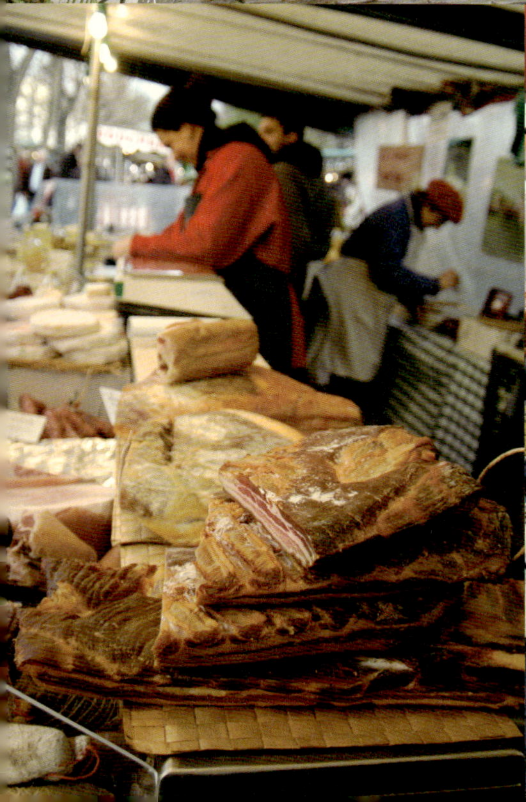
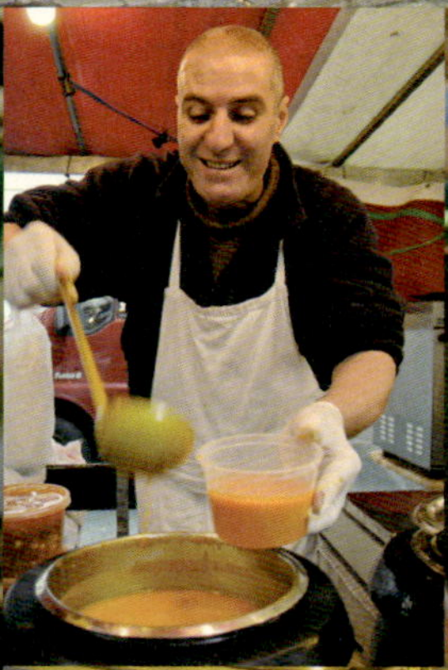
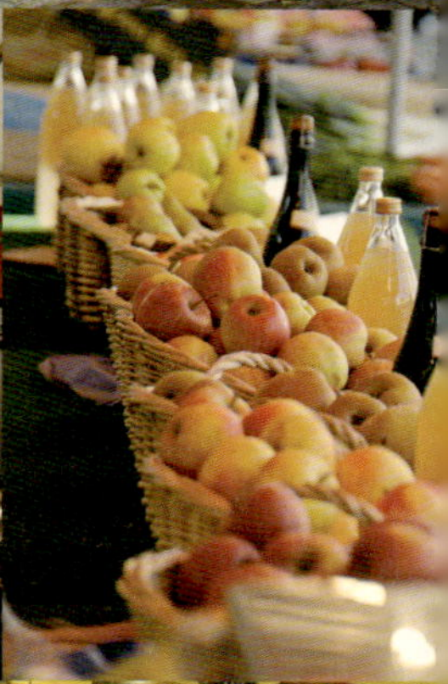
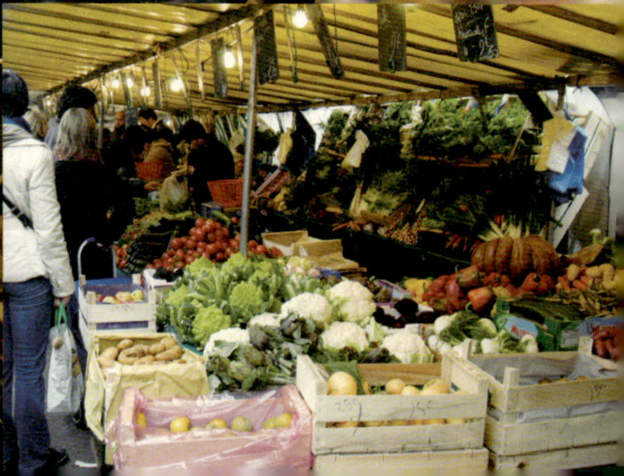

chapitre 4　　冬レシピ

一向に太陽が出てこないグレーの空を、
溜息とともに見上げながらも気持ちはそわそわ。
パリジャンたちの心はすでにクリスマスへ一直線。
寒い中、とっておきのごちそうを探しにくる人々を、
冬のマルシェはいつも以上に温かく迎えてくれる。

huître
牡蠣

フランスに昔からある種類は、丸くて平らな平牡蠣の"ブロン(belon)"。
現在出回る細長い牡蠣は、ポルトガル種の絶滅の危機時に持ち込まれた日本種。
産地によって味わいが異なり、大きさの違いで"フィヌ(fine)"、
より肉厚の"スペシャル(spéciale)"と呼ばれ、値段も高くなる。
それぞれの牡蠣についた1～5の番号は粒の大きさで、1がもっとも大きい。

「フランスでは、牡蠣は生で食べるのが基本。レモンやヴィネグレットとともに牡蠣の旨みを堪能して」
——牡蠣屋のフィリップさん

フィリップさんのスタンド
12区:クール・ドゥ・ヴァンセンヌのマルシェで土曜／Ⓜ Nation側から見て右側のⓂ Porte de Vincennes寄り。
11区:バスティーユのマルシェで日曜／9月～4月の牡蠣の季節のみ。

huître fine

マルシェで見かける牡蠣はブルターニュ産、マレンヌ・オレロン産、イル・ドゥ・レ産など。フィヌよりもスペシャルのほうが肉厚で、ブロンはより濃厚な味わいが楽しめる。池の中で熟成させた牡蠣は、藻などの色で緑色に染まったものもある。フィリップさんのスタンドでは、ほかにムール貝やあさりなどの貝類も扱う。

　空気がキリリと張りつめるころ、パリのカフェやレストランの店頭にはブルターニュ地方の漁師帽をかぶったムッシューが立つ。"エカイエ"と呼ばれる牡蠣の殻開け専門家で、いとも簡単に次々と牡蠣の殻を開けていく光景は、パリの冬の風物詩。客席にはうず高く盛られた生牡蠣を、ひたすら喉に流し込む人々の姿が並ぶ。今やヘルシーな和食人気で、寿司を食べるパリジャンも多いけれど、本来は生で魚介を食べる習慣のないフランス人。牡蠣だけは例外で、よくもまあ生で、これだけ大量に食べられるものよ。
　マルシェにも牡蠣屋さんが並び、年末に向けてごちそうを求める人々で賑わうようになると、師走らしさもひとしお。フィリップさんのスタンドも、山と盛られた牡蠣が飛ぶように売れていく。「でも、牡蠣は一年中食べられるんだよ。冬は締まった身が、夏の排卵前はミルキーな味が楽しめるんだ」"R"のつかない5月〜8月は、一般的に牡蠣を食べるなというけれど、産地では昔から一年中食べるものだった。冷蔵設備も運送方法も発達した現代、そういえばパリでも季節はずれに牡蠣の殻を開けるムッシューを見かけたような…。
　フィリップさんはブルターニュ地方で牡蠣の養殖業を営む3代目。いくつも養殖場を持つため、まず、シャラント・ポワトゥ地方のシャラント・マルティムで牡蠣の排卵。次にブルターニュ北部のパンポールで育て、最後はブルターニュ南部のプランクトン豊富なモルビアン湾で熟成、という手の込みよう。海の浅瀬で潮の干満を利用する育成方法は養殖といえども、自然のリズムによるもの。水流やプランクトンの量などで牡蠣の大きさも変わるというから、養殖する場所によって味わいが異なるのも当然。1粒の牡蠣を育てるには手間も暇もかかるのだ。ようやくパリのマルシェに牡蠣がたどり着くのは、生まれてから3、4年後のことだとか。一瞬にしてツルっと飲み込んでしまっては、なんだか申し訳ない気分だ。

belon

huître spéciale

フィリップさんの牡蠣を使ったレシピ

huîtres gratinées aux poireaux
焼き牡蠣のねぎのせ

材料(2人分)
牡蠣(殻つき)……6個
西洋ねぎ(なければ下仁田ねぎなど甘味のあるもの)……2本
バター……大さじ1
塩、こしょう……各少々
粗塩……適量

作り方
1. 牡蠣の殻を開け、最初に出てきた汁を少々捨て、
   残りの汁は別の器に入れて取っておく。
   身は貝柱を切って殻からはずし、殻はさっと洗って身を戻しておく。
2. オーブンは200度に熱しておく。
3. ねぎは斜め薄切りにする。
4. フライパンにバターを熱して③を入れ、弱火でじっくり炒め、
   ①の牡蠣の汁少々、塩、こしょうで味をつける。
5. 天板にクッキングシートを敷き、粗塩をのせて牡蠣を水平に並べ、
   ④を等分してのせる。
6. オーブンに⑤を入れて2〜3分焼き、牡蠣に半分火が通った状態で取り出す。

soupe d'huîtres à la crème
牡蠣のスープ・クリーム風味

材料(4人分)
牡蠣(むき身)……12個　　固形ブイヨンの素……1個
玉ねぎ……1個　　　　　　生クリーム……大さじ4
セロリ……小2本　　　　　塩、こしょう……各少々
にんじん……小2本　　　　セロリの葉のせん切り……少々

作り方
1. 玉ねぎ、セロリ、にんじんは薄切りにする。
2. 鍋に水1.5リットルを沸かし、ブイヨンを入れる。
   ①、塩、こしょうを入れ、ふたをして弱火で約20分煮、アクを取る。
3. ②に生クリームを入れて強火にし、かき混ぜながら煮立たせ、牡蠣を加える。
   弱火にし、味をみて塩、こしょうで味を調える。
4. 器に盛ってセロリの葉をのせる。

殻つき牡蠣は、殻のジョイント部分を手前にして縦に持ち、右側の2/3あたりの殻の隙間にナイフを入れる。ナイフを上の殻に沿うように上下に動かして、真ん中についている貝柱を切ればすんなり殻が開く。専用のナイフがなければ、殻の隙間に入れやすい薄くて尖っているナイフを使ってね。

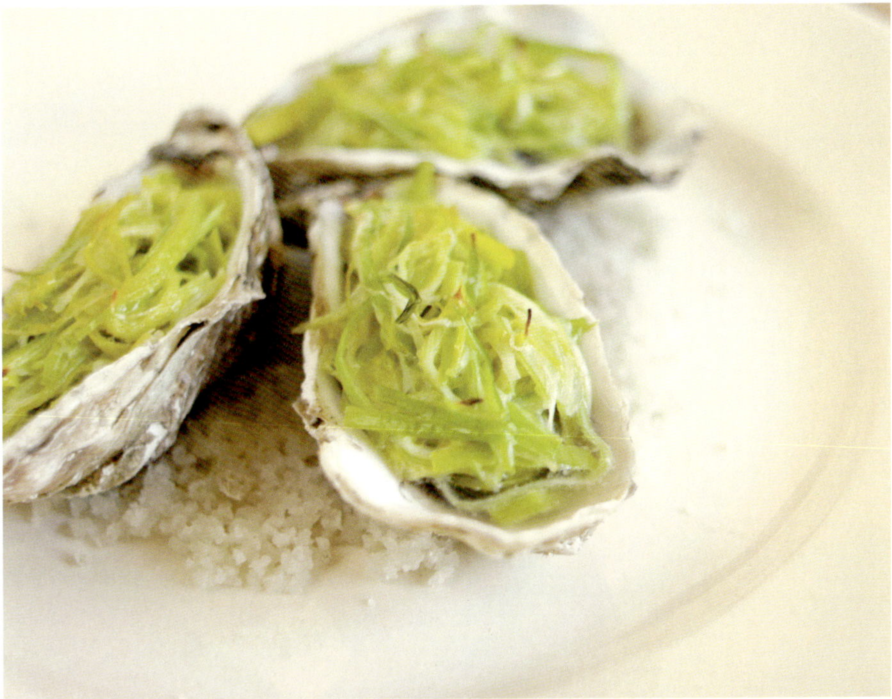

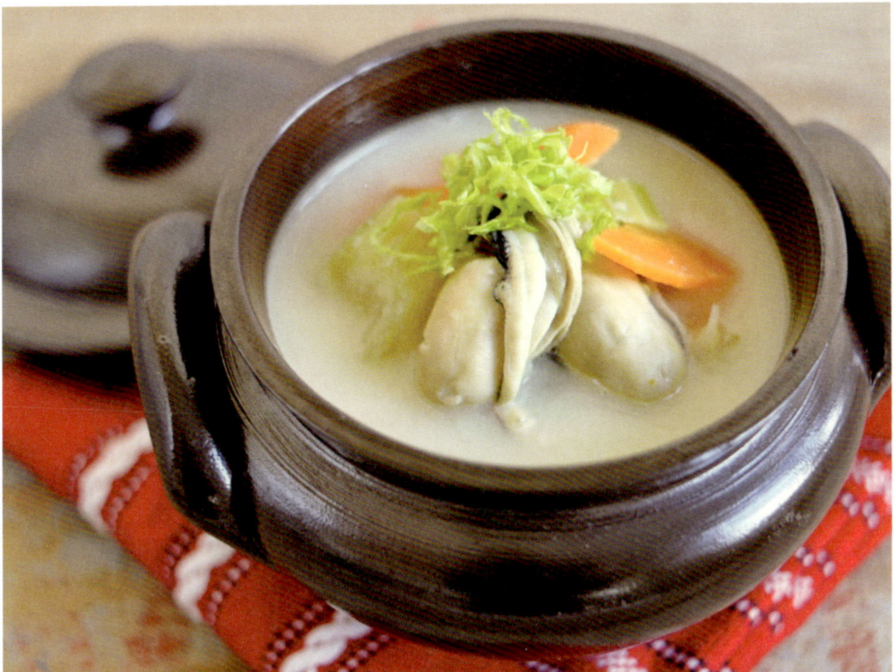

「うちのビオロジックのチコリは芯を取らなくても、苦味が少なく、やさしい味わいだよ」
——八百屋のブノワさん

▤ ブノワさんのスタンド
4区：ヴィラージュ・サンポールの地方生産者のクリスマス市で12月最初の週末。

endive
チコリ

日本でのチコリは、フランスでは"アンディーヴ(endive)"。
エンダイブと呼ばれるキクヂシャが、こちらでは"チコレ(chicorée)"。
戦時中、コーヒーの代用だった飲み物で、チコリの根を粉状にした
"チコレ(chicorée)"は、今でもノンカフェインドリンクとして人気。
チコリの季節は11月〜4月ごろまで。

endive

　街中にイルミネーションが点き、あちらこちらでクリスマス市が開かれ、華やかなムードが溢れるパリの12月。普段はアンティーク屋さんが店を連ねるヴィラージュ・サンポールの中庭の石畳には、生産者たちによるちょっと変わったクリスマス市が開かれる。生産者たちの多くはリムザン地方、コレーズ県の人々。地元の特産物を紹介するために、フランスの各地方でも定期的に行われているマルシェだ。そこで出会ったのが、見るからに人の良さそうなビオロジックの野菜栽培者、ブノワさん。

　じつは彼、10年前までパリのレストランの料理人だった。でも、あまりの食材の質の低下が嫌になり、安全でおいしい野菜を自分で作ろうとコレーズ県、サン・ジュリアン・オー・ボワに移住しちゃったお人。協力者は奥さんと弟夫婦。まずは4人揃って有機農法の学校に行くことから始めた。「僕は植物学、家内は農政、弟は飼料、義妹は食品加工の異なる資格を習得したんだ。今では弟夫婦は同じ敷地内で山羊を飼育し、ビオロジックのシェーヴルチーズを作っているよ。なかなか用意周到だろ」と、ニヤリとするブノワさん。土つきでゴロゴロ並ぶ、活きのいい野菜の隣には、これまた輝くばかりの自家製シェーヴルチーズが並んでいる。

　昔ながらの品種なども栽培するブノワさん担当の野菜は、年間約40種類。この日、なかでもひときわ光っていたのが冬の代表野菜、チコリ。フランスではもっともポピュラーな野菜のひとつだけれど、そういえば真っ白なやわらかい葉をどうやって栽培するのか知らなかった。「最初に出てくる葉は根から切り取り、根は再び埋めて、再度出てくる白い芽を地中で育てたものがチコリ。最初の葉も根も苦すぎて食べられないんだ」。地面の中でふっくらと膨らむ真っ白なチコリ。ほろ苦い味わいは、見ることのない太陽を想う恋心といったところかしら。

冬らしく、根菜類の種類も豊富なブノワさんのスタンド。チコリは淡白な味わいなので、ほかの食材でアクセントをつけてあげるのがポイント。チコリを蒸してハムで巻き、ベシャメルソースをかけてオーブンで焼いたグラタンがフランスの定番料理。

ブノワさんの
チコリを使ったレシピ

salade d'endives avec noix de saint-jacques marinées
チコリのサラダ、ホタテのマリネ添え

材料（2人分）
チコリ……1個
ホタテの貝柱……大3個
レモン汁……1/2個分
くるみ……2粒
シブレット……7本

〈ドレッシング〉
バルサミコ酢……小さじ2
塩、こしょう……各少々
くるみ油……小さじ4

作り方
1. ホタテは薄切りにしてバットに並べ、
  レモン汁をかけて冷蔵庫でしばらく置き、マリネする。
2. チコリは縦半分に切って芯の部分を取り除き、斜め5mm幅に切る。
  くるみは細かく砕き、シブレット3本は小口切りにする。
3. ドレッシングの材料を混ぜ合わせ（P14⑥参照）、②をあえる。
4. ①を器に盛って③を上にのせ、残りのシブレットを飾る。

endives caramélisées au citron
チコリのキャラメリゼ・レモン風味

材料（2人分）
チコリ……4個
バター……大さじ1
レモン汁……1/2個分
はちみつ……大さじ1
あればセルフィーユ……少々

作り方
1. チコリは縦半分に切って芯の部分を取り除く。
2. フライパンにバターを熱し、切り口を下にして①を入れる。
  レモン汁、はちみつを加え、ふたをずらしてのせ、
  弱火で約20分蒸し焼きにする。
3. チコリに火が通ったらふたを取り、水分が多ければ火を強め、
  水分を飛ばしながら色よく焼きつける。
4. ③を器に盛り、あればセルフィーユを飾る。

芯の部分にもっとも苦味があるチコリは、芯の部分を取り除くのが一般的。サラダはホタテがなければ、チコリだけでお手軽一品に。中まで火を通したキャラメリゼは、肉料理のつけ合わせにももってこい。

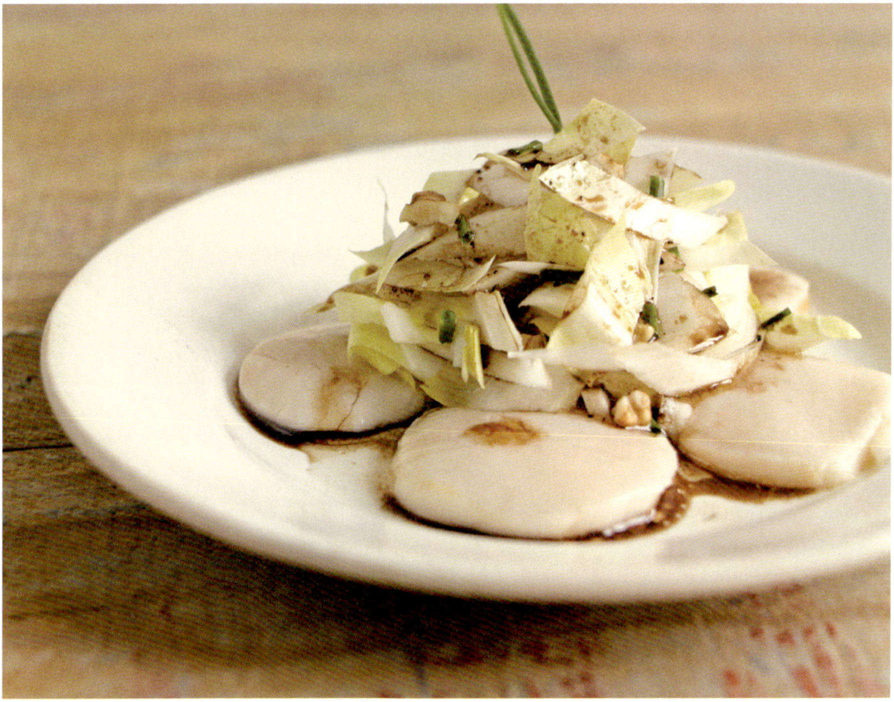

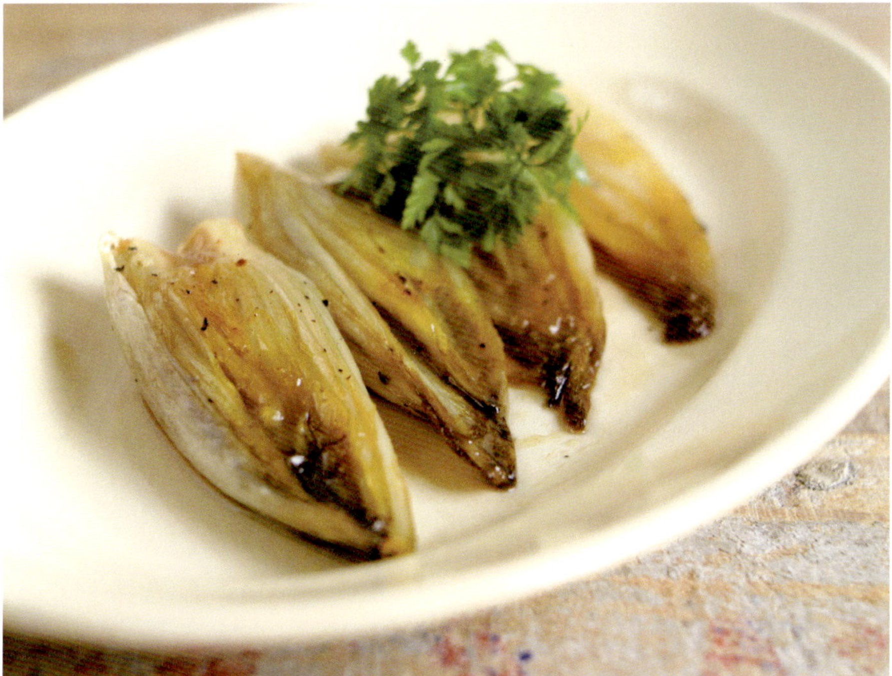

raclette
ラクレット

スイス産がよく知られるけれど、フランスのサヴォワ地方にもあるのが、
牛乳で作られる非加熱圧縮の軟質チーズ、"ラクレット(raclette)"。
暖炉や専用の機械でチーズを溶かして削り、
じゃがいもにかけて食べる料理も同様にラクレットと呼ばれる。
チーズは年中あるものだけれど、やっぱり寒い時期に食べたい冬の定番料理。

「チーズは加熱しすぎず、クリーミーな状態に溶かすのがおいしさのポイントよ」
——サヴォワ地方専門店のナタリーさん

ナタリーさんのスタンド
11区：バスティーユのマルシェで日曜／バスティーユの広場側から見て一番左の通りの真ん中、右側／ジャン・フランソワさんの八百屋(P12)の隣。

raclette

ベーコンや生ハムなども充実のナタリーさんのスタンド。ラクレット用にいろいろなシャルキュトリーを詰め合わせてもらおう。／**ラクレット**：熟成2カ月以上、オレンジ色の外皮にクリーム色の身の食べやすい味わい。**ボーフォール・デテ**：デテとついているのが、夏のミルクを使ったもの。ダルパージュ（d'alpage）とついていれば、チーズ製造も高山で行われたもの。AOCチーズ。**ルブロション**：熟成すると中身がとろ〜りとろける濃厚なAOCチーズ。

クリスマス市でもよく見かけるラクレット屋さんの屋台。加熱して溶かしたラクレットをバゲットに挟み、サンドウィッチにしてサービスしてくれる。一緒に並んで売られているのは、じゃがいもにルブロションのチーズをのせて焼いたタルティフレット。どちらも凍える手を温めながらフーフーして食べたい、サヴォワ地方の温かい伝統料理だ。

「年中、ラクレットは扱っているけれど、80％以上は冬に売れるのよ。加熱用機械がなくてもトースターなどで溶かせばいいだけ。ラクレットの皮は取っても取らなくてもお好みで。この皮はなぜか"修道女"と呼ばれているのよ」。小柄な体でチャキチャキ働きながらおしゃべりも忘れない、元気いっぱいのナタリーさん。彼女の扱う食材は、実家のあるサヴォワ地方のものが中心。スイスに隣接した、アルプス山脈周辺のサヴォワ、オート・サヴォワ、ジュラ県一帯の地域は、山のチーズと呼ばれる大きなチーズや、生ハム、サラミなど、長期保存が可能な山の特産物の宝庫。生産者から直接買いつける品質も味も保証つきの食材は、ここまで揃うスタンドはほかにはないというほどバラエティ豊か。サラミはくるみやピスタチオ、こしょう入りなど約20種類。チーズはサヴォワ地方のルブロション、ボーフォール、ジュラ地方のコンテ、モルビエなど、約15種類。「うちで扱うボーフォールやルブロションは、夏に標高1500ｍ以上の牧草地に登り、青い草を食べた牛から採れるミルクから作られるもの。味わいは格別よ」。ルブロションは、その昔、課税を少なくするために1度でミルクを搾りきらず、2度目に搾ったミルクで作られたなど、チーズにまつわる話は尽きない。

そんな種類豊富なサヴォワチーズだけれど、ほかに食べ方はあるのかな？「チーズはシャルキュトリーとじゃがいもを組み合わせるのがサヴォワ地方料理。というか、それしかないのよ」と笑うナタリーさん。食材の持ち味だけで調味の必要もない、味わい深いチーズやシャルキュトリー。シンプルながらそれさえあれば大満足の、山のごちそうだ。

beaufort d'été

reblochon

ナタリーさんの
チーズを使ったレシピ

raclette
ラクレット

材料（2人分）
ラクレット……300g
じゃがいも……4、5個
好みのシャルキュトリー（生ハム、ハム、コッパなど）……適量
ピクルス……適量

作り方
1. 鍋にじゃがいもを皮つきのまま入れ、かぶるくらいの水を注ぎ、火にかけて茹でる。水気をきって半分に切る。
2. ラクレットはほどよい厚さに切り、1回に食べる量ごと小さな耐熱皿2枚にそれぞれ入れ、オーブンのグリル機能、またはトースターで加熱し、溶かす。
3. 器に①、好みのシャルキュトリー、ピクルスを盛り合わせる。②を繰り返し、じゃがいもにかけ、チーズをからめながらアツアツのうちにいただく。

フランスでは家庭用にラクレットを溶かすホットプレートのようなものが売られているけれど、なければ1人分ずつ小さな耐熱皿などに入れ、オーブンやトースターで加熱してその都度チーズを溶かせばOK。大量の茹でたじゃがいもといろんな種類のシャルキュトリーを大皿に盛り合わせ、大勢でわいわいしながら食べたら、身も心もポッカポカ。

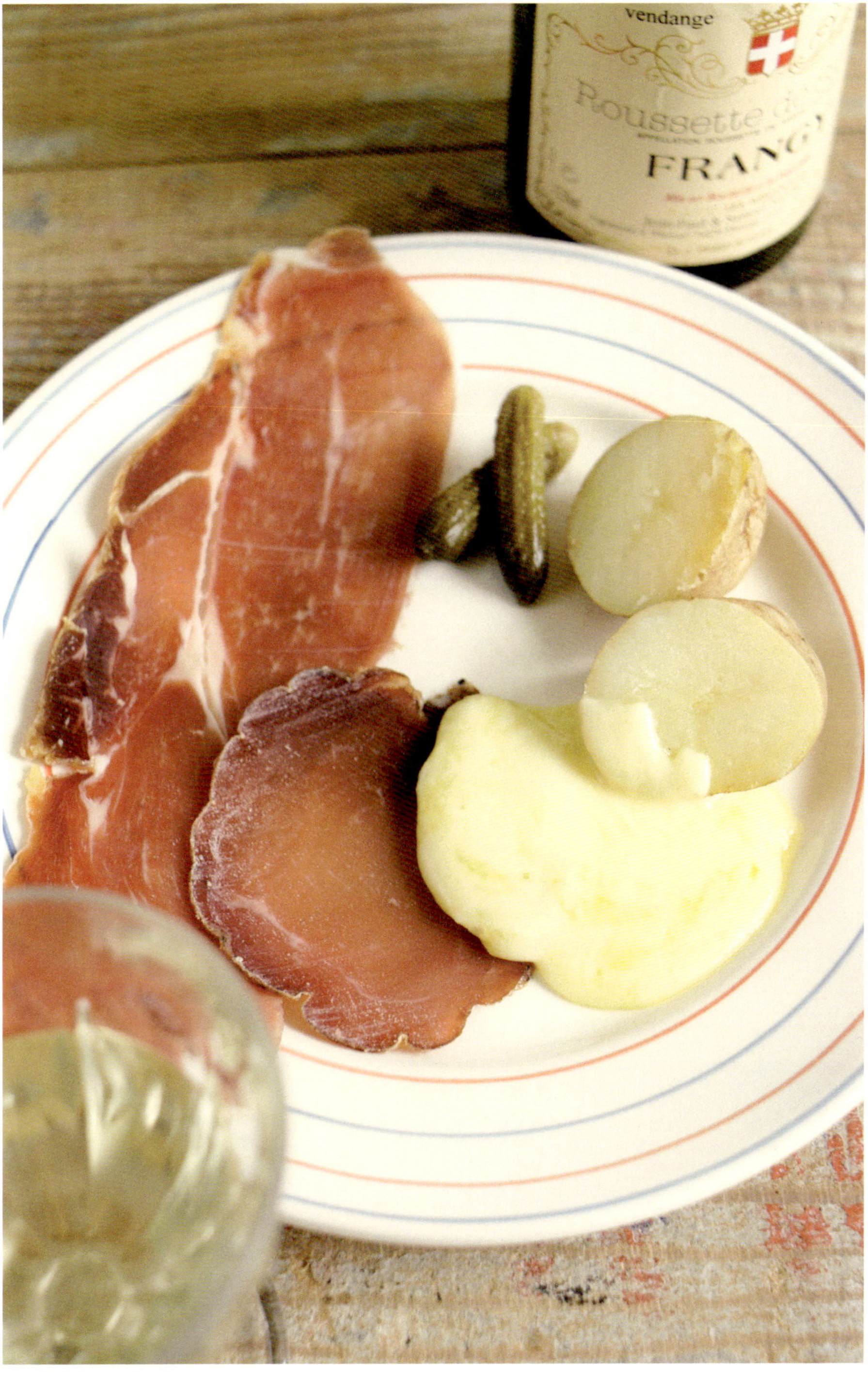
vendange
Roussette de
FRANGY

ナタリーさんの
チーズを使ったレシピ

tartiflette
タルティフレット

材料（2人分）
ルブロション……1/2個（200〜250g）
じゃがいも……4個
玉ねぎ……小1個
ベーコン……150g
オリーブ油……大さじ1/2

作り方
1. じゃがいもは皮をむいて鍋に入れ、かぶるくらいの水を注ぎ、火にかけて茹でる。火が通ったらざるに上げ、水気をきって輪切りにする。
2. 玉ねぎは薄切りにし、ベーコンは1cm幅の棒状に切る。
3. フライパンにオリーブ油を熱してベーコンを炒め、こんがり色づいたら玉ねぎを加え、しんなりするまで炒める。①を加えてざっくりと炒め合わせ、耐熱皿に入れる。
4. ルブロションは皮の表面をナイフの背などでこそげ、厚みを半分に切る。③に皮面を上にしてのせる。
5. オーブンのグリル機能、またはトースターで④を10分ほど加熱し、チーズが溶けたら取り出す。

フランスで一般的に売られているベーコンは、厚切りで旨みたっぷり。ベーコンの味わいがポイントのタルティフレットには、できれば肉厚の味わい深いベーコンを使いたい。ルブロションや前出のラクレットなど、チーズは液体状の脂が出るまで焼いてはダメ。とろ〜りクリーム状に溶けたところで取り出すのがチーズ料理をおいしく仕上げるコツ。

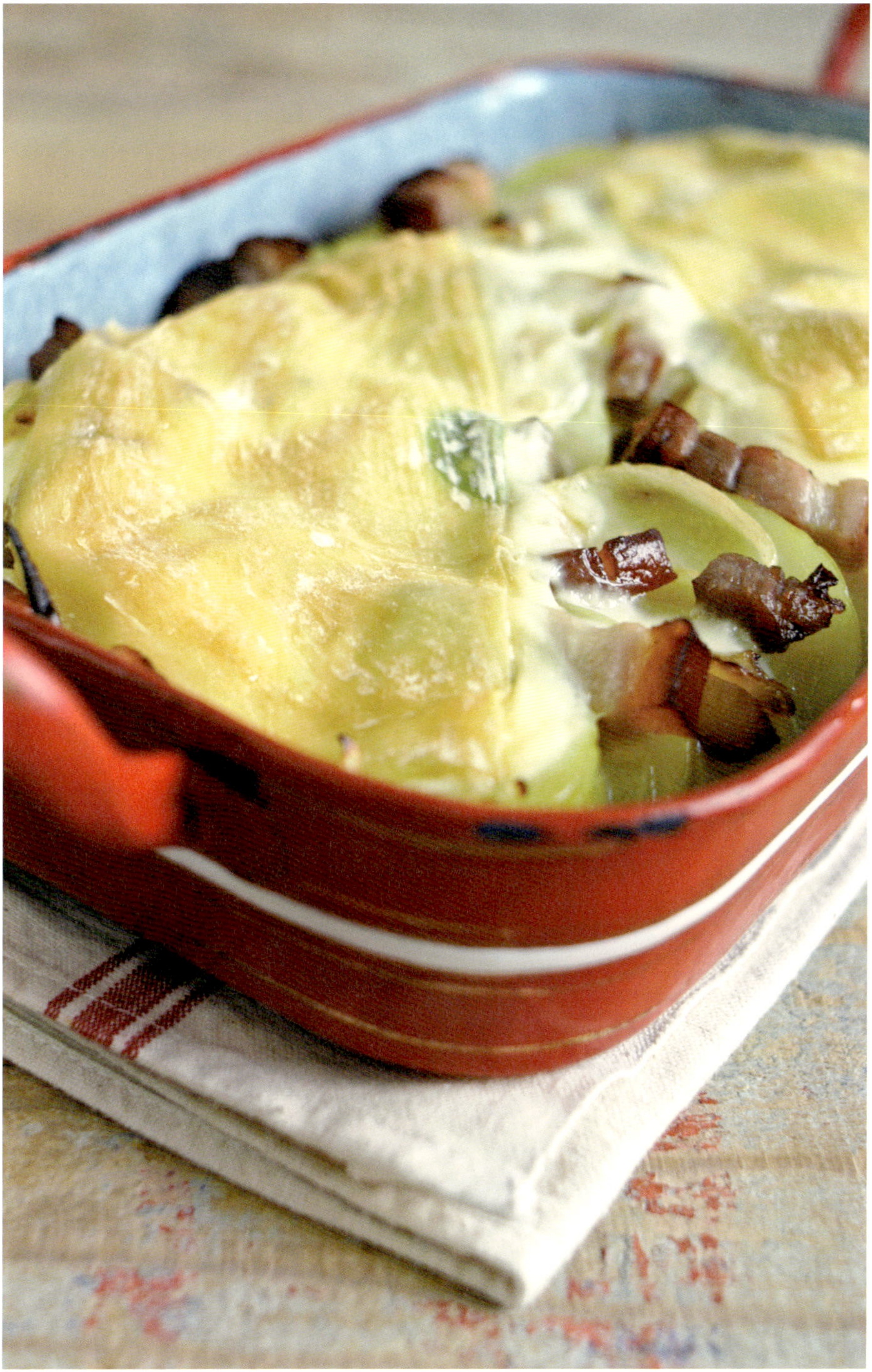

ステファンさんのスタンド
4区：ヴィラージュ・サンポールの地方生産者のクリスマス市で12月最初の週末。

「半生のドライプルーンはフレッシュのようなやわらかさと、より濃厚な甘みが楽しめるよ」
——ドライプルーン屋のステファンさん

pruneau
ドライプルーン

プルーンの収穫後に作られるドライプルーン、"プリュノー(pruneau)"。
乾燥状態によって3週間保存が可能な半生の"ミ・キュイ(mi-cuit)"、
6カ月保存が可能な"セック(sec)"に分けられる。
"デノワイヨテ(dénoyauté)"と表記があれば、種なしのこと。
"プリュノー・ダジャン(pruneau d'Agen)"は唯一のAOCドライプルーン。

pruneau

さすが地方生産者のマルシェだけあって、ドライプルーンだけを売っているスタンドを見つけた。営むのはAOCドライプルーンの生産地として有名なアキテーヌ地方、ロト・エ・ガロンヌ県からやってきたステファンさん。プルーンの栽培からドライプルーンの加工までを行う家に生まれた2代目だ。言葉少なめでシャイな印象ながら、ドライプルーン作りに魅せられて家業を継いだ情熱家。大粒のドライプルーンの黒い山から1粒、味見させてもらうと、ドライとは思えないほどのやわらかさ！ フレッシュに近い食感ながら、フレッシュなものよりもより甘みがギュッと凝縮して詰まっている。夏に閉じ込めたプルーンのエネルギーが一気に飛び出て、どんより冬空をも明るく照らすよう。

13世紀ごろから保存のためにアジャンの街の近くで始まったドライプルーン作り。19世紀にはガロンヌ川のアジャン港から多くのドライプルーンがボルドーへ運ばれ、ヨーロッパへ旅立った。そしてアジャンの港の検印が押された袋に入ったドライプルーンは、アジャンのドライプルーンと呼ばれるようになったのだ。大昔は太陽の下で、50年前までは薪オーブンで乾燥させていたという人間の知恵が生きた保存食。「現在は大きなトンネル状のオーブンで乾燥させて作るのだけれど、半生はミ・キュイといって70度の温度で10～12時間乾燥させたもの。さらに約20時間乾燥させると、もっと保存がきくセックができる。こちらは使うときに水で戻さなくちゃいけないけどね」。約35％の水分を含み、保存料も使用しないミ・キュイは保存がきかないため、販売はほぼ年内のみ。それを味わえるのも、産直であるマルシェならではだ。

「ドライプルーンはブルターニュ地方のお菓子、ファー・ブルトンに入れるのが一般的。アペリティフにはベーコンとともに串刺しにしたものもいける。ウサギ肉や豚肉と一緒に煮たり、料理に使うことも多いよ」。ドライプルーンの甘みと肉の旨みのマリアージュ。フランス語で"シュクレ・サレ"という甘辛味なら、日本人にもオマカセあれ！

ヴィラージュ・サンポール内の石畳に開かれたクリスマス市。あいにくの小雨模様で、お客さんもまばら。ステファンさんはミ・キュイを使ったジュースや知人が作るドライトマトも販売。殺菌された袋詰めのミ・キュイなら6週間保存可。

ステファンさんの
ドライプルーンを使ったレシピ

rôti de porc aux pruneaux
豚肉のロースト・ドライプルーン風味

材料（4人分）
ドライプルーン……約20粒
豚かたまり肉（ロース、もも肉など）……700〜800g
玉ねぎ……1個
にんにく……1片
バター……大さじ1
ローリエ……1枚
タイム……少々
ブロッコリー……1株
オリーブ油……適量
塩、こしょう……各適量

作り方
1. プルーンは乾燥しているものならば、水につけて戻し、種があれば取り除く。
2. 豚肉は真ん中にナイフで切り込みを入れ、へらなどの柄を使ってプルーン適量を肉の中へ押し込み、タコ糸で縛って形を整える。塩、こしょうを全体に振る。
3. 玉ねぎは薄切りにし、にんにくはつぶす。
4. 鋳物製鍋にバターを熱して②を入れ、全体にこんがりと焼き色をつけて取り出す。
5. ④の鍋に玉ねぎを入れ、鍋底についた肉汁をこそげるように炒め、豚肉を戻し入れる。
6. ⑤に水約200mlを注ぎ、にんにく、ローリエ、タイムを加えてふたをし、弱火で約45分蒸し焼きにする。20分ほど経ったら肉をひっくり返して残りのプルーンを加え、汁気がなくなっていれば水少々も加える。
7. ブロッコリーは小房に分け、たっぷりの湯に塩を加えて茹で、水気をきる。オリーブ油、塩、こしょうを振ってさっと混ぜ合わせ、温めておく。
8. ⑥の肉の中まで火が通ったら、取り出して等分に切る。器に盛ってブロッコリー、プルーンを添え、肉汁をかける。

フランスでよく食される、鶏肉や豚肉のロースト料理。オーブンを使わなくても、肉全体に焼き色をつけてから香味野菜とともに蒸し焼きにすれば、鍋で作ることが可能。プルーンの甘みのあるソースはやみつきに。

115

pomme
りんご

フランスのりんごの品種は私たちにもお馴染みの"ジョナゴールド(jonagold)"、
"ゴールデン(golden)""グラニー・スミス(granny smith)""ガラ(gala)"など。
日本種の"フジ(fuji)"もよく見かけるりんごのひとつ。
9月〜12月まで品種によって収穫時期もさまざま。
多くのりんごは完熟前に冷蔵倉庫にストックされ、6月近くまで出回る。

「フランスの定番お菓子、りんごのタルトには酸味が少なく甘みのある、ジョナゴールドをどうぞ」
——りんご屋のエマニュエルさん

■ エマニュエルさんのスタンド
12区：クール・ドゥ・ヴァンセンヌのマルシェで
土曜／Ⓜ Nation側から入ってすぐ右側。

パリのマルシェでよく見かける専門店のひとつがりんご屋。りんごの醸造酒、シードルで有名なノルマンディー地方産かと思えば、その東隣のピカルディ地方のものが断然多い。そんなりんご屋のひとつ、エマニュエルさんもパリに2時間かけてやってくる生産者のひとりだ。ずらりと並んだ種類豊富なりんごたちだけれど、そういえば、フランスのりんごって小粒なものが多い気が。「とくにパリジャンは小さなりんごが好きだね。皮つきのまま食べることが多いからか、大きいものはあんまり売れないんだ」と話すエマニュエルさん。日本ならば、母親が大きいりんごの皮をむいてくし型切りにし、つまようじを刺して家族で分け合って食べていたもの。パリでは道端でもメトロの中でも、小さなりんごをかじっているパリジャンをときどき見かける。りんごの大きさも"個人主義"な国だということなのだろうか。

フルーツの中でバナナ、オレンジを差し置き、フランス人に一番人気があるというりんご。血入りの黒いブーダンソーセージや、豚肉のローストのつけ合わせなど料理に使うほか、もちろんピュレやコンポート、デザートにも大活躍。なかでも子どもから大人までみんなの人気者といえば、りんごのタルト。りんごとタルト生地のシンプルなお菓子ながら地方によって加える材料もさまざまで、家庭によってもレシピが微妙に異なる多彩さ。

「タルト作りにはジョナゴールドがオススメ。甘みがたっぷりだから、砂糖をあまり加えなくてもいいんだ。それとも酸味のあるボスクープと混ぜ合わせて使ってもいいよ。家庭のレシピは、母から娘へ伝えるだけで、普通は誰にも教えないものなんだけどね」と笑いながら、それでも教えてくれたエマニュエルさん家のりんごのタルト。母から子へ伝える家庭の味は、母の味をよく知っている子どもだけが真似できるというもの。とはいえ、レシピがあっても同じ味になるとは限らず、子は子で自分ならではの味を作り出していく。結局、家人の手で作ることが、その家庭の味となるわけだ。それならば、わが家特製りんごのタルト、作ってみようではないか。

boskoop

エマニュエルさんのスタンドではりんごの季節が終わった夏は、ラズベリーやスグリなどを販売。そのまま食べるには好まれない大きいりんごや形の悪いものは、加熱用"ア・キュイール（à cuire）"として値段も安く売られる。／ボスクープ：りんごの中でもっともおいしいと評する人も多い、さわやかな味。ゴールデン：甘みが強く果汁たっぷり。ジョナゴールド：生で食べても加熱してもイケる。

jonagold

golden

エマニュエルさんの
りんごを使ったレシピ

tarte paysanne
農民風タルト

材料(直径26cmのタルト型用)
りんご……600g
卵……2個
砂糖……50g
ヴァニラ風味の砂糖……1袋(7.5g)
生クリーム……100g
コーンスターチ……50g
ベーキングパウダー……小さじ1
カラントレーズン……40g
バター(型用)……適量
溶かしバター……50g

作り方
1. オーブンは200度に熱しておく。レーズンは水につけて戻す。
2. りんごは4つ切りにし、皮をむいてスライスしてボウルに入れる。
3. ボウルに卵を入れて泡立て器で溶きほぐし、砂糖2種を加えて混ぜ合わせる。生クリーム、コーンスターチを少しずつ加えながら混ぜ、ベーキングパウダーを加えて混ぜ合わせる。
4. ②に水気をきったレーズン、③の2/3量を混ぜ合わせる。
5. タルト型にバターを塗り、④を均一に入れる。
6. オーブンに⑤を入れ、15分焼く。
7. 残りの③に溶かしバターを加え、泡立てるようによく混ぜ合わせる。
8. オーブンから⑥を取り出して⑦をかけ、230度にしたオーブンで約10分焼く。

tarte normande
ノルマンディー風タルト

材料(直径26cmのタルト型用)
りんご……1kg
卵……2個
砂糖……100g
生クリーム……大さじ3
アーモンドパウダー……大さじ3
ブリゼ生地(P64参照)……1枚
バター(型用)……適量

作り方
1. オーブンは210度に熱しておく。
2. りんごは4つ切りにし、皮をむいてざく切りにする。
3. ボウルに卵を入れて泡立て器で溶きほぐして砂糖を混ぜ、生クリーム、アーモンドパウダーを加え、よく混ぜ合わせる。
4. タルト型にバターを塗ってブリゼ生地を敷き、②を均一に並べ、③を全体に回しかける。
5. オーブンに④を入れ、約30分焼く。

生地のいらない簡単農民風タルトはバターがたっぷり入るため、温めて食べたほうがおいしい。りんごが詰まったノルマンディー風はフルーツと生地がしっとりなじんだ翌日以降が、味わいも増し、美味!

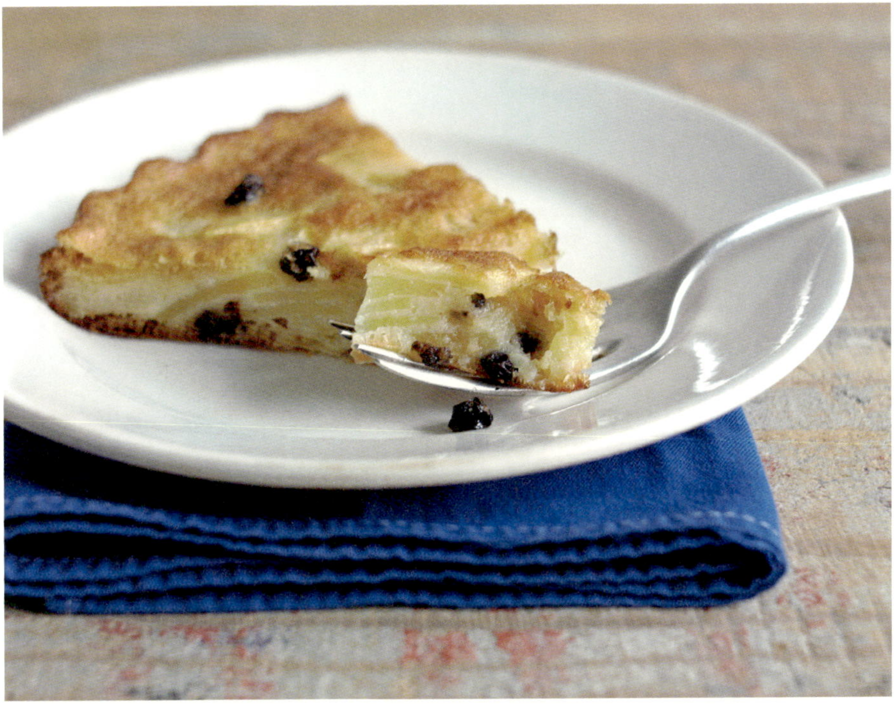

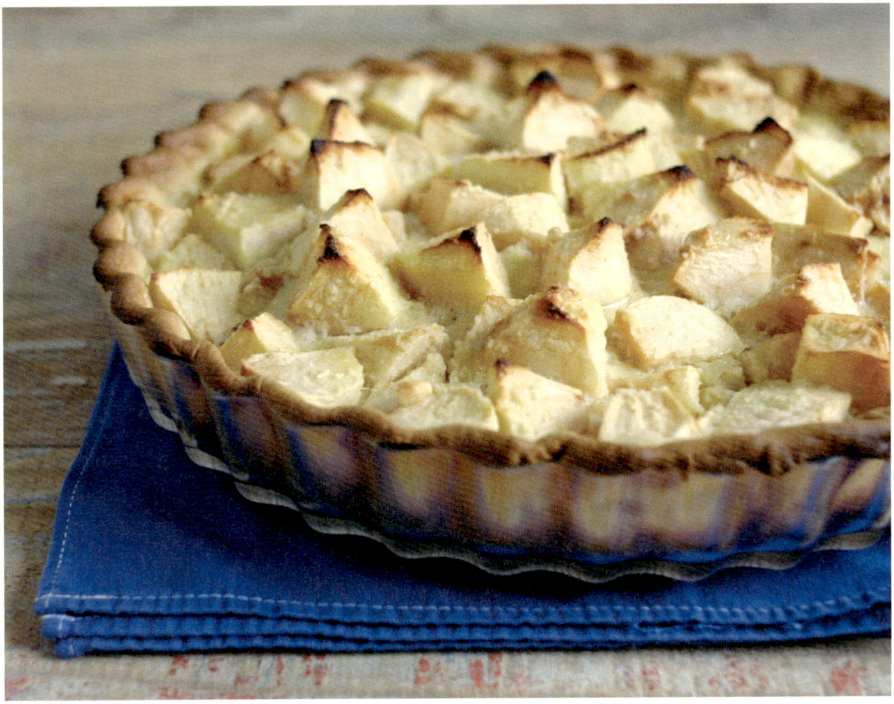

マルシェで見つける
季節のおいしい食材

食べ物に季節感がなくなったといわれて久しいけれど、
生産者が売っていたり、ビオ野菜の多いマルシェでは、
かろうじて四季の味が楽しめるのだ。せっかくパリのマルシェを訪れたなら、
ぜひともその時期のおいしいモノを味わいたいもの。
季節の食材をチェックして、いざマルシェへ急げ！

langoustine／手長えび

asperge sauvage／アスペルジュ・ソヴァージュ

春においしい食材

アーティチョーク／アスパラガス／アスペルジュ・ソヴァージュ／あみがさ茸／いちご／カリフラワー／かれい／キウイ／グリーンピース／さば／新かぶ／新じゃがいも／新玉ねぎ／そら豆／チコリ／手長えび／ラディッシュ／ルバーブ

rhubarbe／ルバーブ

cassis／カシス

夏においしい食材

アーティチョーク／アプリコット／いか／いちご／いわし／ういきょう／カシス／きゅうり／さば／さやいんげん／ジャンボピーマン／ジロール／すいか／スグリ／ズッキーニ／セップ／手長えび／トマト／なす／にんにく／ブラックベリー／ブルーン／ほうれん草／メロン／もも／ラズベリー

coing／マルメロ

figue／いちじく

秋においしい食材

いか／いちじく／えび／オマール／かぼちゃ／カリフラワー／栗／くるみ／さば／ジビエ／ひめじ／ヘーゼルナッツ／ヒラメ／メルラン（鱈の一種）／マルメロ／りんご／ロマネスコ／洋なし

noisette／ヘーゼルナッツ

crosne／チョロギ

garenne／アナウサギ（ジビエ）

romanesco／ロマネスコ

冬においしい食材

いか／オマール／オレンジ／牡蠣／かぼちゃ／キクいも／キャベツ／栗／くるみ／ごぼう／すずき／西洋ねぎ／鯛／鱈／チコリ／チョロギ／ひめじ／ヘーゼルナッツ／ホタテ貝／芽キャベツ／洋なし／りんご

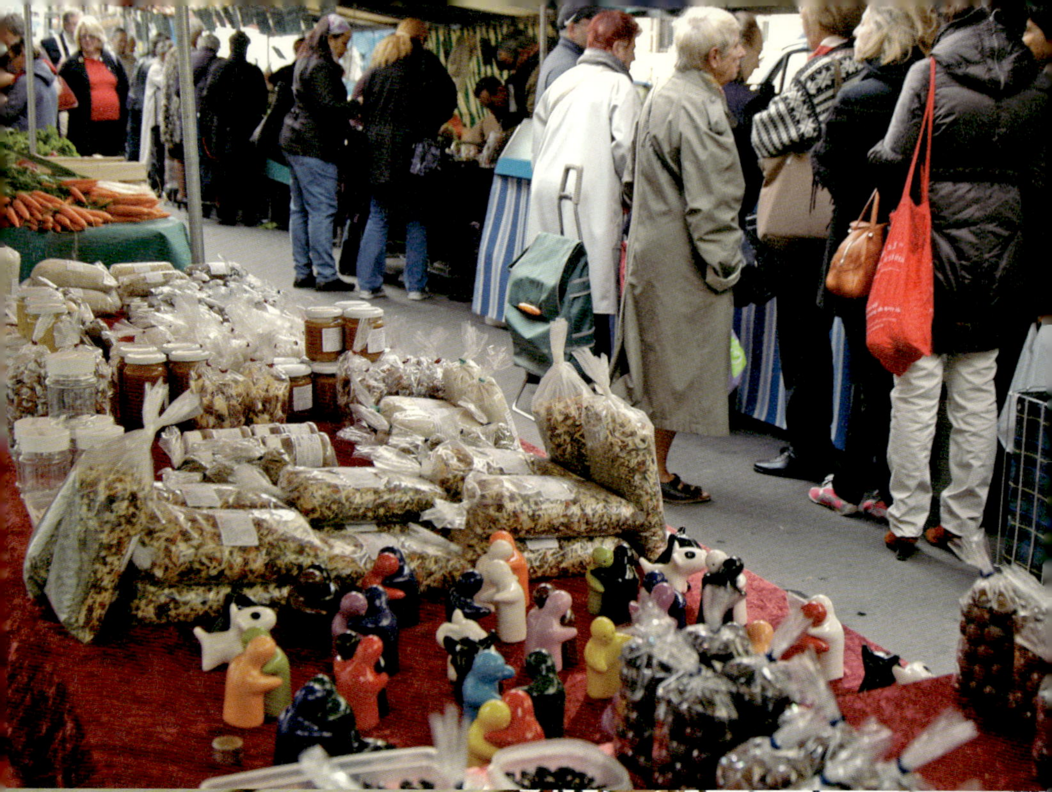

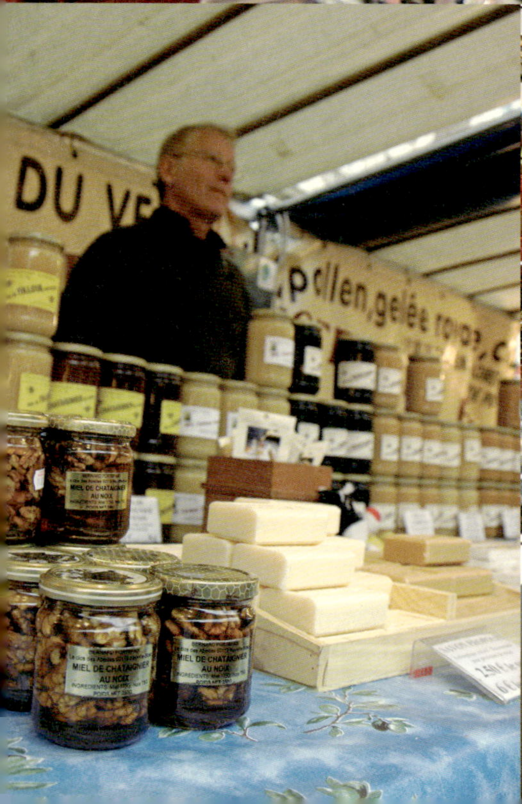
MIEL DE CHATAIGNIER
AU NOIX

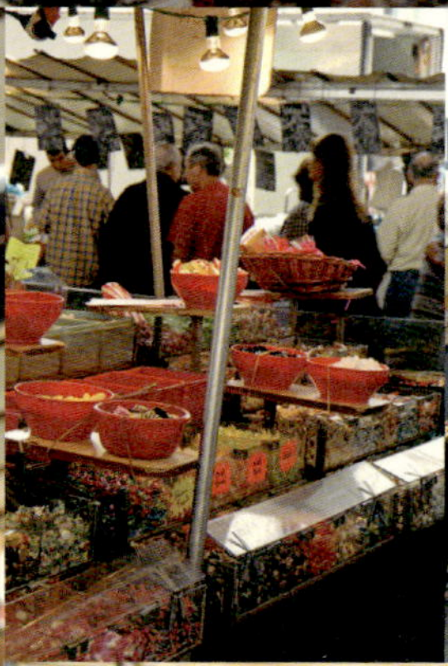

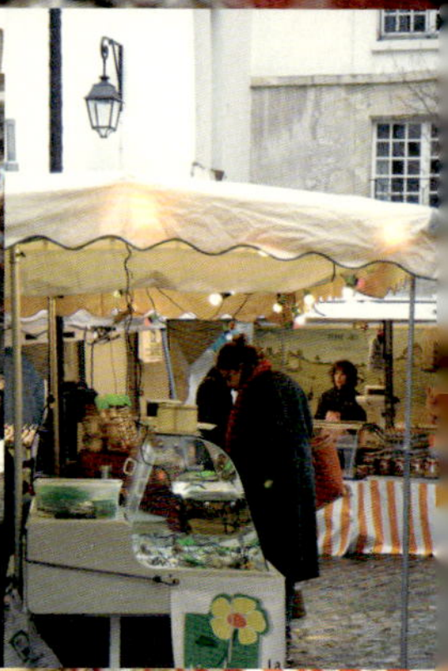

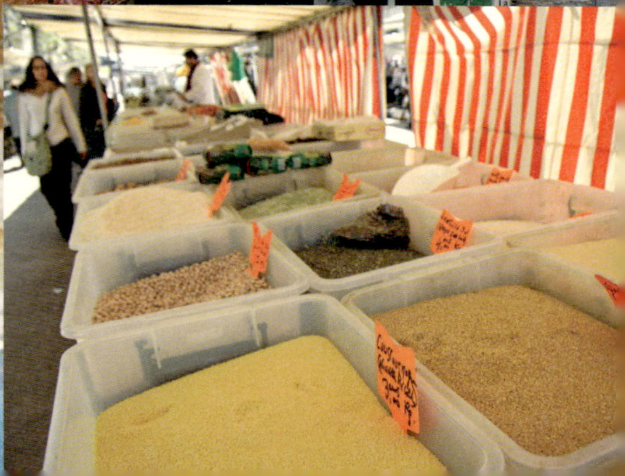

chapitre 5

おみやげレシピ

マルシェにあるのは生鮮食品のみならず、
おみやげにもできる、頼もしい食品も揃っている。
せっかくだから日本にお持ち帰りして、
旅の後々までもじっくり、パリの味を楽しみたい！
温かなマルシェの雰囲気を思い出しながら…。

sel de Guérande
ゲランドの塩

塩田の表面にできる塩の結晶は"フルール・ドゥ・セル(fleur de sel)"、その下にできるものは粗塩の"グロ・セル(gros sel)"と呼ばれる。フランス各地に塩田があり、ロワール地方の"ゲランド(Guérande)"、"ノワールムティエ島(Ile de Noirmoutier)"、ポワトゥ・シャラント地方の"レ島(Ile de Ré)"では、今でも職人さんによって収穫が行われている。

「白い結晶の塩の花、フルール・ドゥ・セルは加熱せずに使い、旨みを存分に味わって」
——塩屋のミッシェルさん

ミッシェルさんのスタンド
6区：ラスパイユのマルシェで金曜／M Rennes側から入ってすぐの右側。
11区：バスティーユのマルシェで日曜／バスティーユの広場側から見て真ん中の通りの左側／ジャン・フランソワさんの八百屋(P12)のうしろ。

sel fin

せいせいえん

gros sel

なんと日本語を話せるというミッシェルさんのロシア人の奥さんが書いた、日本語の商品プレートがある。塩のほかにゲランドの塩入りキャラメルソースや、キャラメルキャンディーも販売。/セル・ファン：ゲランドの塩の精製塩。グロ・セル：水分が多いため、挽いて使いたいときは水分を少なくしたスペシャル・ムーラン（spécial moulin）を使うこと。フルール・ドゥ・セル：挽かずに粒のまま使う。

　一度使い始めると手放せなくなるものといったら、ゲランドの塩。旨みたっぷりの天然塩は、ひとつまみ調理に使うだけで、味に深みを出し、凡人をも名料理人になったような錯覚を起こさせる、魔法の調味料だ。そんなゲランドの塩に魅せられてマルシェで売るようになったのが、生粋のパリジャンであるミッシェルさん。早朝、寝ぼけ眼のパリの街を、塩を積んだ自転車で走り抜け、15区にある自宅からマルシェにやってくる。たぶんパリのマルシェで働く人々の中で一番身軽なお人だろう。

　「2000年以上も受け継がれる伝統的手法で収穫されるのがゲランドの塩。ミネラル豊富で甘みさえも感じるやさしい味わいは、喉を焼きつけるような鋭い塩味の工業製とは、比べものにもならないおいしさだよ」と話すミッシェルさん。夏の暑い時期、ゲランドの低地で塩田に引き入れられた海水は、太陽や風の自然の力によって天然の塩に変身する。とくに海水の表面で結晶化した白い塩は、フルール・ドゥ・セルと呼ばれ、すみれの香りとも評される繊細な味わいに仕上がるのだ。「充分に気温が上昇し、乾いた東風が吹きつける日のみにできるフルール・ドゥ・セルは、午後の終わりに収穫しないと次の日にはなくなってしまうんだよ。あまり暑い日がなかった今年は例年の10％ぐらいの収穫量しかないんだよ」。条件が揃ったときのみ、塩田の中で可憐な花を開くフルール・ドゥ・セルはまさに自然からの贈り物。さらに、表面だけをそっとかき集めて収穫できるのも、熟練した職人たちの技があるからこそ。ゲランドの塩は自然と人間の共同作業によって完成させられる、おいしい作品なのだ。

　そんな貴重で繊細な味のフルール・ドゥ・セルは調理の仕上げに使ったり、テーブルの上に置いて盛りつけた料理にパラリと振ったり、加熱せずに使うべきもの。逆に、地面の粘土質に近い部分で採れる、香り豊かで濃厚な味わいのグレーがかった粗塩は、茹で汁やスープ、煮物など、加熱調理にどんどん活用したいもの。なんて、そんな風に使い出したら最後、あなたもゲランドの塩を手放せなくな〜る〜。

fleur de sel

しおのはな

ミッシェルさんの
ゲランドの塩を使ったレシピ

bar en croûte de sel de Guérande
すずきの
ゲランドの塩包み焼き

材料(4人分)
ゲランドの粗塩……700〜800g
玉ねぎ……小2個
イタリアンパセリ……2、3本
オリーブ油……適量
すずき……1尾(700〜800g)
卵白……3個分
好みでレモン……適量

作り方
1. 玉ねぎはスライスし、パセリは葉を摘んでみじん切りにする。
2. フライパンにオリーブ油を熱し、玉ねぎを色づくまで弱火で炒める。パセリを混ぜ合わせ、冷ます。
3. オーブンは180度に熱しておく。
4. すずきはうろこ、はらわたを取り除き、きれいに洗って水気を拭き、腹の中に②を入れる。
5. 粗塩は卵白とよく混ぜ合わせる。
6. 天板にクッキングシートを敷いて
   ⑤の1/3量を魚がのるくらいの大きさに広げる。
   ④を上にのせ、魚がすっかり隠れるように残りの⑤で覆う。
7. ⑥をオーブンに入れ、約40分焼く。
8. ⑦が焼けたら、かたくなった塩の覆いを割って開け、魚を切り分けて器に盛り、好みでレモンを搾っていただく。

使用する粗塩の分量に尻込みしてしまいそうだけれど、人を招いた特別なパーティのときなどにぜひ挑戦したい超簡単・豪快料理。ほどよく塩味がつき、余分な水分が抜けて身の締まった魚の味わいは絶品。テーブル上で粗塩の殻を割ってみせれば、みんなから歓声が上がる、エンターテイメント性もバッチリ!

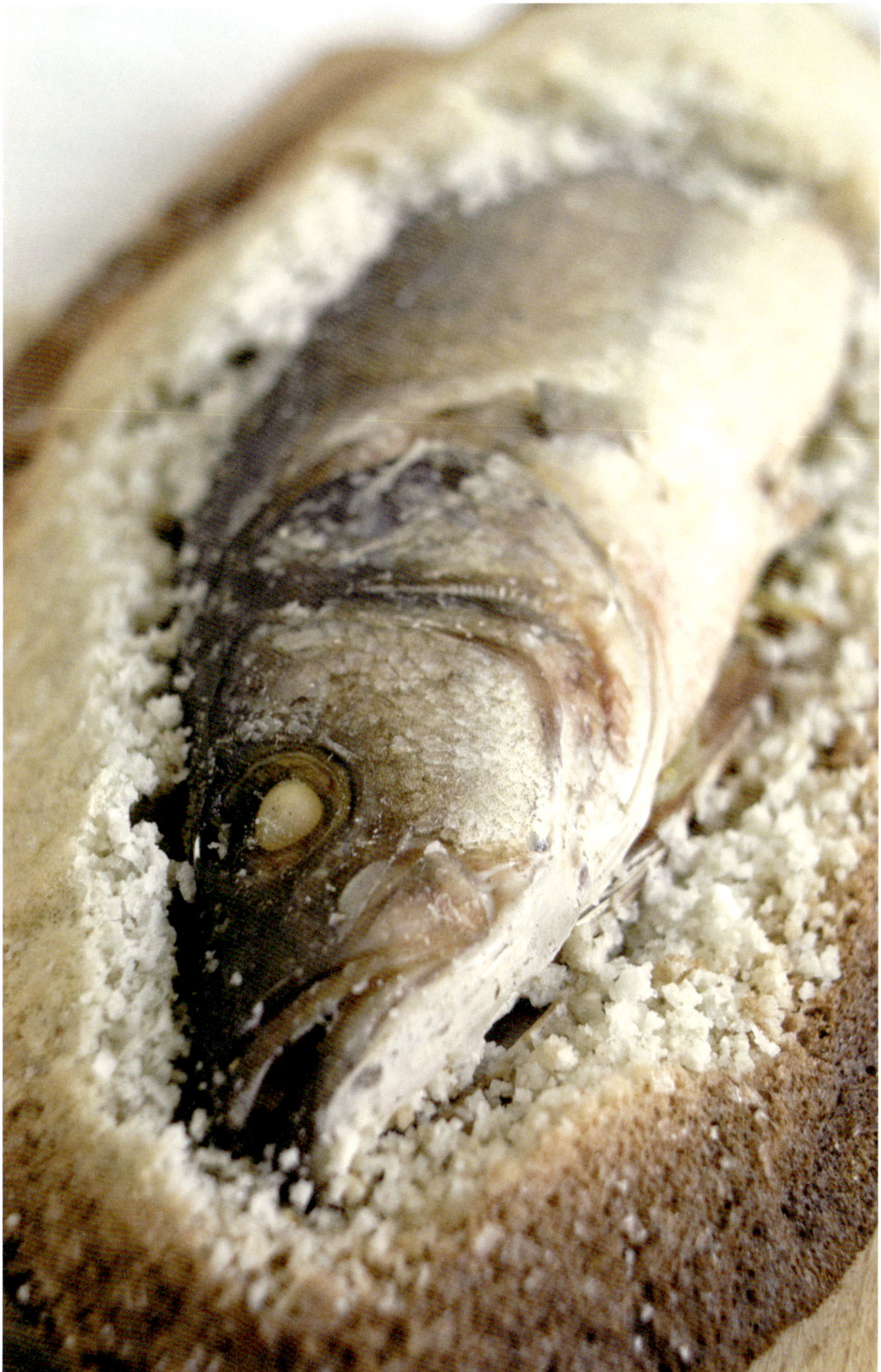

🏛 **ジュルさんのスタンド**
6区：ラスパイユのマルシェで金曜／Ⓜ Sèvres Babylone側から見て左側、ジャン・マリーさんのフォアグラ屋 (P134) の向かい。 7区：サクス・ブルトゥイユのマルシェで木曜、土曜／エッフェル塔側から見て左の通りの右側、アリーヌさんのいちご屋 (P34) の隣。

「各国、さまざまな種類のオリーブが集まっているから、いろんな味を試してみて」
——オリーブ屋のジュルさん

olive
オリーブ

緑色のオリーブは"オリーヴ・ヴェルト (olive verte)"、
黒色のオリーブは"オリーヴ・ノワール (olive noire)"で、塩水に漬けた保存食。
オリーブの実から作られるオリーブ油は"ユイル・ドリーヴ (huile d'olive)"。
"オリーヴ・ドゥ・ニース (olive de Nice)" "オリーヴ・ドゥ・ニーム (olive de Nîmes)" など、
南仏にはAOCのオリーブが多く、オリーブ油を使った料理が豊富。

olive farcie

olive noire

olive verte

olive violette

tapenade

パリの街でよく見かけるのが、エピスリーと呼ばれる小さな食料品店。もともとはスパイスを専門に扱う店だった。現在はアラブ系の店主が多く、色とりどりのオリエンタルな香辛料から塩漬けの保存食などが所狭しと置かれ、一歩入るとそこはまさに異国。そんな雑多なエピスリーの店をマルシェに持ってきちゃった感じのスタンドが、ジュルさんのオリーブ屋。その整然と並べられた種類豊富なオリーブや香辛料、乾物に、店の前を通ればどうしても足を止めずにはいられない。すると「モロッコのオリーブだよ。おいしいよ」と、すぐさまいろんなものを味見させてくれる、根っからの商売人、ジュルさん。オリーブのペースト、タプナードや、ジャンボピーマンのマリネなどのお総菜はすべてジュルさんの手作りだ。

「タプナードに向くオリーブはギリシャ産のもの。もちろん南仏プロヴァンスの料理だけれど、プロヴァンス産のオリーブは値段が2倍近くも高いからね。ギリシャのオリーブは安くておいしいんだ」。約100種類以上もあるといわれるオリーブは、フランス、イタリア、スペイン、ギリシャ、チュニジア、モロッコなどが大きな産地。「一番大きい実はスペインのセビリャ産。ちょっと繊細さにかける味だけどね。僕が一番好きなのはチュニジアのういきょうやツナが入ったオリーブだよ」。

塩水に漬けて作られるオリーブは、若い緑色の実と熟した黒色の実が一般的。でもジュルさんのスタンドには、紫色やグレーのオリーブも並んでいる。アペリティフとしてそのまま食べることが多いため、違う種類のオリーブを混ぜ合わせたり、ほかの素材と組み合わせたり、オリーブとひと言でいっても種類はさまざま。小さな実にアンチョビやピーマンなどを詰め込んだ、ファルシなんてものもある。この多彩さは、モロッコやチュニジア産のオリーブまで扱うジュルさんのスタンドならではというもの。では、パリの小さなマルシェから、オリーブをめぐる世界旅行に旅立ちましょうか?

じっくり見て回りたい、ジュルさんの盛りだくさんなスタンド。／オリーヴ・ファルシ:中に詰め物をしたオリーブ。オリーヴ・ノワール:プロヴァンス産のものは小粒で味も濃い。オリーヴ・ヴェルト:黒色よりもたいてい肉厚で塩味控えめ。オリーヴ・ヴィオレット:モロッコ産の紫色のオリーブ。タプナード:ジュルさんお手製のタプナードで、まずは味を研究することから始めよう。

ジュルさんの
オリーブを使ったレシピ

tapenade
タプナード

<u>材料（作りやすい分量）</u>
〈ブラックオリーブのタプナード〉
- ブラックオリーブ……250g
- ケッパー……50g
- アンチョビ……50g
- バジリコの葉……50g
- オリーブ油……大さじ2

〈グリーンオリーブのタプナード〉
- グリーンオリーブ……250g
- ケッパー……50g
- アンチョビ……50g
- バジリコの葉……50g
- にんにく……1片
- オリーブ油……大さじ2

田舎パンまたは、バゲット……適量

<u>作り方</u>
1. オリーブは種があればそれぞれ種を除く。バジリコ、にんにくはそれぞれざっくり刻んでおく。
2. ブラックオリーブ、グリーンオリーブとそれぞれの材料を別々にミキサーに入れ、ペースト状にする。
3. ②をそれぞれ器に盛り、田舎パンやバゲットなどに塗っていただく。

南仏プロヴァンスの料理で、アペリティフとともに食事の前に出されるのが一般的。焼いたトーストや生野菜とともにそのまま出すほか、肉、魚に塗ってオーブンで焼くなど、調味料のひとつとしても使うことができる。使うアンチョビの種類によって塩分が異なるため、量は加減を。保存は瓶に入れ、オリーブ油をたらして膜をはり、ふたをして冷蔵庫へ。使うごとに表面にオリーブ油をたらした状態で約2、3週間保存可。

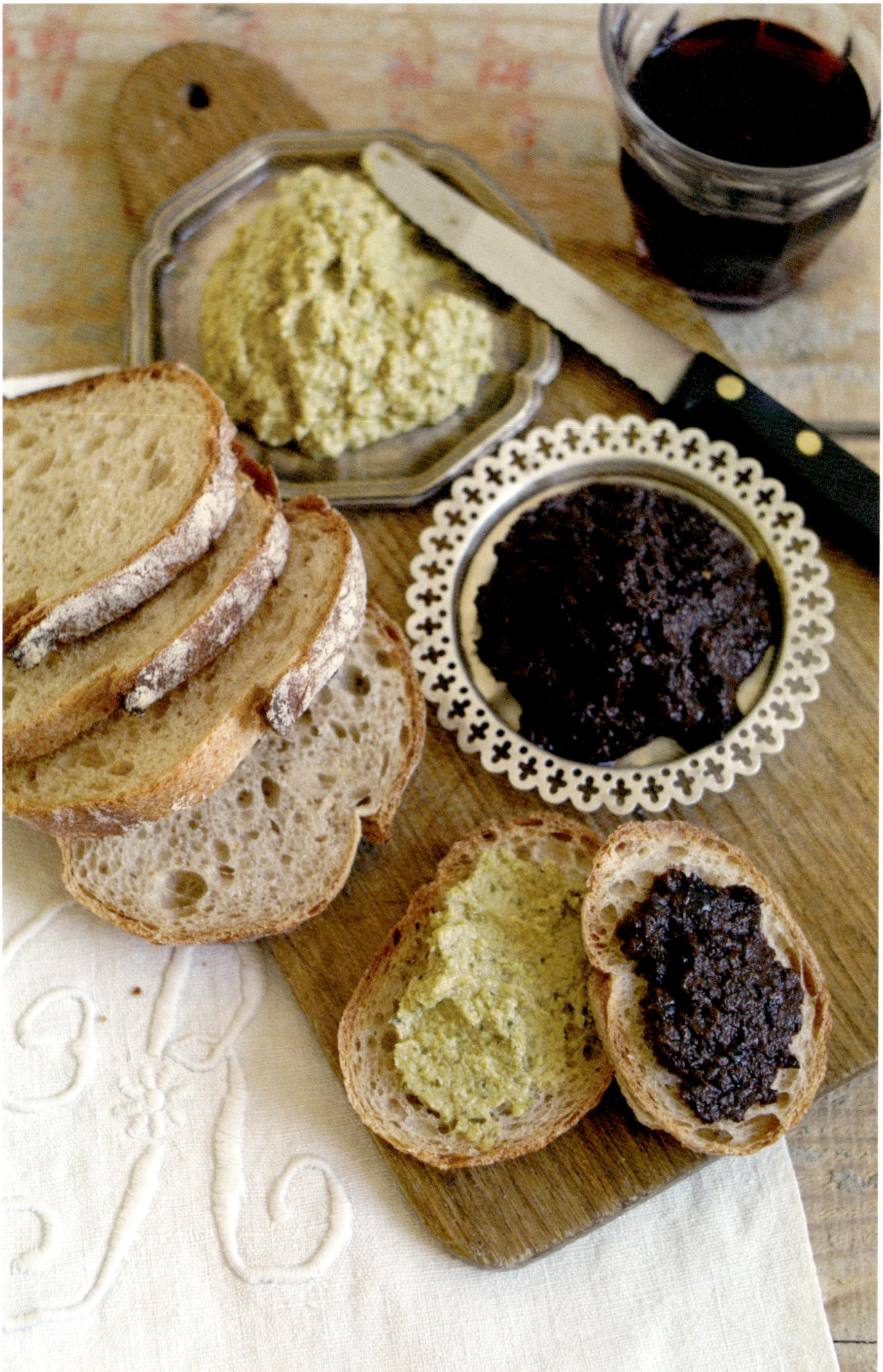

ジュルさんの
オリーブを使ったレシピ

tajine de poulet au citron
鶏肉のタジン・レモン風味

材料（4人分）
オリーブ……150g
鶏肉……1羽（1.5kg）
玉ねぎ……1個
にんにく……1片
オリーブ油……小さじ1
落花生油（なければサラダ油）……小さじ1
バター……大さじ1
しょうがパウダー……小さじ1/2
サフラン……小さじ1/2
レモンのコンフィ……1個
塩、こしょう……各適量
あれば香草……少々
〈クスクス〉
　クスクス……2カップ
　塩……ひとつまみ
　オリーブ油……大さじ1
　バター……大さじ1

作り方
1. 鶏肉はほどよい大きさに切り分ける。
2. 玉ねぎは薄切りにし、にんにくはつぶす。
3. 鋳物製鍋に油2種、バターを熱して①を入れ、全体に軽く焼き色をつける。
4. ③に水400ml、②、しょうが、サフラン、塩、こしょうを加えて混ぜ合わせ、ふたをする。
5. ④が煮立ったら鶏肉をひっくり返し、ふたをして中火で40分煮る。
6. 鶏肉に火が通ったらオリーブ、レモンを輪切りにして加え、しばらく煮て味をみる。塩、こしょうで味を調え、ソースを少し煮つめる。
7. クスクスを作る。鍋に水400mlを沸騰させて塩、オリーブ油を混ぜ、クスクスを入れてふたをし、火を止める。しばらく置き、クスクスが膨れたらバターを加え、よく混ぜ合わせる。
8. 器に⑥を盛って、あれば香草を散らし、別の器に盛ったクスクスにソースをかけながらいただく。

マグリブ料理ながら、パリでもポピュラーなのが硬質小麦のクスクスと煮込み料理のタジン。レモンのコンフィはレモンの塩漬けのこと。パリではジュルさんのスタンドや、アラブ食料品店などで見つかる。手に入らなければレモンに切り込みを入れて粗塩をはさみ、密閉容器に詰め、煮沸して冷ました水をいっぱいに入れ、ふたをして冷蔵庫で2週間以上漬けて作ることも可。

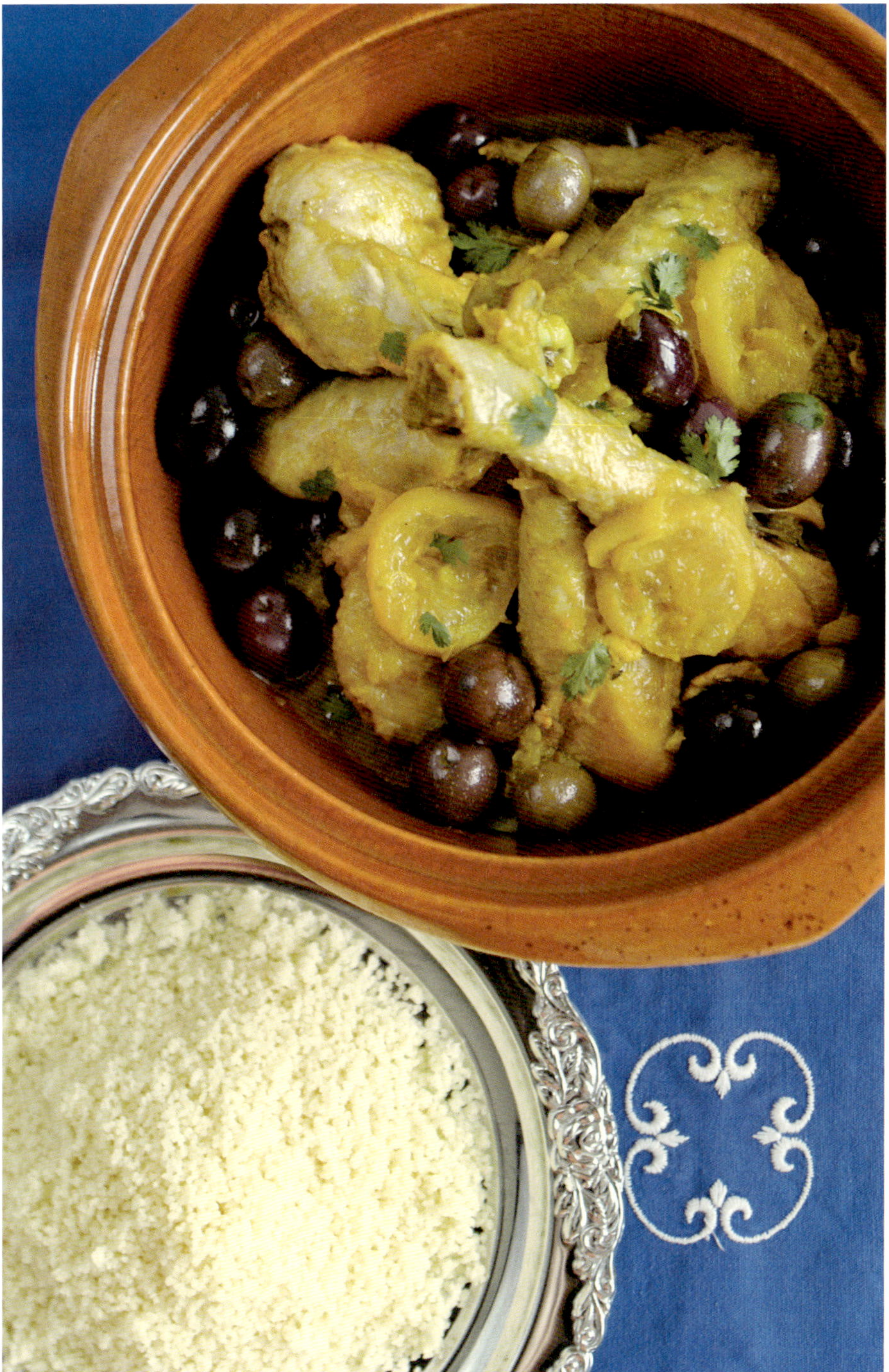

foie gras
フォアグラ

肥大させた肝臓のフォアグラは、鴨の"フォワ・グラ・ドゥ・カナール(foie gras de canard)"と、
ガチョウの"フォワ・グラ・ドワ(foie gras d'oie)"の大きく分けて2種類。
フォアグラのそのままの塊は"アンティエ(entier)"、
いくつかの塊を寄せ集めて作られたものは"ブロック(bloc)"の表記がある。
南西地方とアルザス地方がフランスのおもなフォアグラの産地。

「フランスの美食 フォアグラの濃厚な味は、そのままトーストにのせ、贅沢に召し上がれ」
——フォアグラ屋のジャン・マリーさん

ジャン・マリーさんのスタンド
6区：ラスパイユのマルシェで火曜、金曜／Ⓜ Sèvres Babylone側から見て右側、ジュルさんのオリーブ屋(P128)の向かい。　16区：プレジダン・ウィルソンのマルシェで水曜、土曜。　15区：グルネルのマルシェで水曜、日曜(奥さん担当)。
URL: www.bestfoiegras.com

トリュフ、キャビアと並ぶ世界3大珍味といえば、フォアグラ。ガチョウもしくは鴨に大量にトウモロコシのエサを食べさせ、肝臓に脂肪を蓄積させて作られるもの。近年ではこの強制的な肥育に反対する動物愛護団体の運動により、フォアグラの生産や販売を禁止する国が増え、世界中で物議を醸している食材でも。「じつはフォアグラはフランスで始まったものではなく、もっと長い歴史があるんだよ」と話すのはジャン・マリーさん。南西地方のランド県で1920年創業のラフィット社が製造する缶詰を、マルシェで売るフォアグラ専門店だ。

「約4500年も前に古代エジプトで、海を渡るためにエサを大量に食べ、脂肪を蓄えた雁肉のおいしさを発見したのがフォアグラの始まり。その後、古代エジプトで奴隷だったユダヤ人によって世界に広まったんだ。だからイスラエル、ハンガリー、アルザスなどが、昔からのフォアグラの産地というわけ」。そんな昔ながらの産地のひとつ、イスラエルは2005年、強制肥育は違法とし、フォアグラの生産を禁止した。

初めは干しいちじくで肥育していたが、15世紀にエサはトウモロコシに替わる。フランスではトウモロコシ栽培が盛んな南西部でフォアグラ作りが始まり、フォアグラ文化を発展させた。「今や家禽のガチョウと鴨で作られるけれど、鴨のほうが飼育しやすいため、40％も値段が安い。でも味は全然違うよ」とジャン・マリーさんが差し出す2種類を食べ比べてみると、鴨よりもガチョウのほうが繊細でまろやかな味わい。フォアグラを取り出したあとは、やわらかい胸肉はマグレに、ほかの部位はその脂で煮てコンフィに、無駄なく使われる。

でも、鴨のフォアグラにしても一般人には高級品。一生食べることのない人もいるし、多くの人にとってはクリスマスだけに味わえる、贅沢なごちそうだ。2005年、フランス国民議会は「フォアグラはフランスの美食と文化の遺産である」とする法案を可決している。

foie gras d'oie

英語も堪能なジャン・マリーさんのスタンドは、普段は観光客が多いけれど、年末はフランス人も増え、通常の5倍の売り上げだとか。アンティエはよりレバーらしい濃厚な味わいで、パンにのせてそのまま食べる。ブロックは加熱すると溶けるため、ソースに使っても。フォアグラには甘口貴腐ワインのソーテルヌが定番だけれど、酸味がほどよく甘すぎないジュランソンのワインのほうがオススメだそう。フォアグラに添えたい玉ねぎのコンフィやいちじくのコンポート、トリュフを使った製品なども揃う。

foie gras de canard

> ジャン・マリーさんの
> フォアグラを使ったレシピ

salade gourmande
美食家サラダ

材料(2人分)
鴨のフォアグラ(ブロック)……100g
さやいんげん……200g
塩……少々
あればセルフィーユ……少々
〈ドレッシング〉
　バルサミコ酢……小さじ2
　塩、こしょう……各少々
　くるみ油……小さじ4

作り方
1. さやいんげんはへたを取り、食べやすい長さに切る。
鍋にたっぷりの湯を沸かし、塩を加えて歯ごたえが残るように茹でる。
ざるに上げて水気をきり、冷水にさっとさらして再びざるに上げ、
色よく仕上げる。
2. ドレッシングの材料はすべて混ぜ合わせる(P14⑥参照)。
3. ①に②をかけて混ぜ合わせ、冷蔵庫でしばらく置き、冷やす。
4. フォアグラは薄切りにする。
5. 器に③を盛り、食べる直前に④をのせ、あればセルフィーユを飾る。

ねっとりと濃厚なフォアグラに、歯ごたえよく茹でたいんげんの食感が
アクセントとなったシンプルな一品。くるみ油の香ばしい香りがおいし
さのポイントだから、くるみ油はぜひご用意を。小麦粉の風味立つバゲット
や、味わい深い田舎パンをカリッと焼いて添えても。

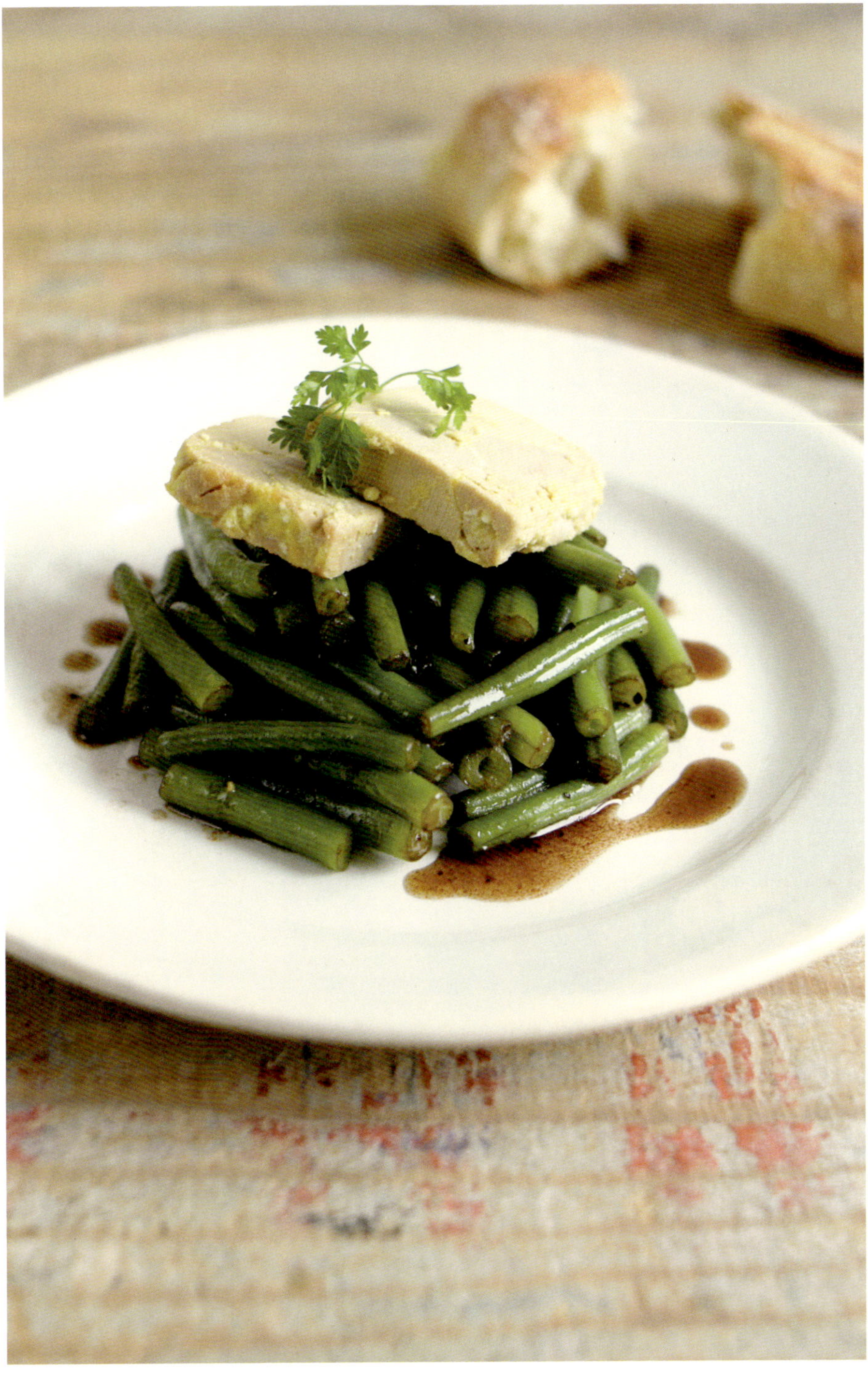

🏠 **ベルナールさんのスタンド**
7区：サクス・ブルトゥイユのマルシェで
隔週の土曜／ブルトゥイユ広場から
見て左の通りの真ん中あたり、左側。
16区：ポルト・モリトールのマルシェで
毎月第1金曜／9月〜6月のあいだ。

> 「花の種類によって異なる味わいのはちみつは、食べ比べて好みの味を見つけてね」
> ——はちみつ屋のベルナールさん

miel
はちみつ

蜜蜂を介して生成されるはちみつ、"ミエル (miel)"。
フランスでは各地に養蜂場があり、ヴォージュ山脈のモミの木の、
"ミエル・ドゥ・サパン・デ・ヴォージュ (miel de sapin des Vosges)"、
コルシカ島の "ミエル・ドゥ・コルス (miel de Corse)" が AOC のはちみつ。
緑豊かなパリでも、じつは公園をメインにあちこちに蜜蜂の巣箱が置かれている。

138

bonbon

miel

はちみつ以外にも、石けんやプロポリスなどの製品が売られている。/ボンボン:喉にやさしいはちみつ入りキャンディー。ミエル:種類によって色も状態も異なる。パン・デピス:紹介してもらったレシピとは異なるけれど、職人さんの手によるもの。ミエル・アン・レイヨン:巣ごと取り出した採れたてのはちみつ。よく噛んで、残ったかすは捨てる。

pain d'épice

miel en rayon

　パリのマルシェやスーパーでずらりと並んだはちみつの豊富な種類に、びっくりした人も多いはず。自らが採取したはちみつを、マルシェに売りにくるベルナールさんのスタンドにも、負けじと並ぶはちみつは11種。養蜂を趣味とした父親の下で育てられた6人兄弟のうち、なんと5人もが養蜂家という、はちみつファミリーの出。子どものころ、すでに養蜂を営んでいた兄に連れられ、はちみつを作る蜜蜂を見に行ったのが養蜂家への始まりだった。「蜜蜂を好きにならないと養蜂はできないよ」と語るベルナールさんの横には、巨大な蜂のぬいぐるみがぶら下がり、半裸姿に蜜蜂が群がるベルナールさんの写真が置かれている。
　「蜜蜂が集めてくる花の蜜によってはちみつの種類が決まるんだ。蜜蜂は近くに多く生える、同じ種類の花から蜜を集める習性があるからね。たとえばラベンダー畑に巣箱を設置してあげれば、ラベンダーのはちみつが採れるという具合さ」。ノルマンディー地方の始まりに位置する旧ヴェクサン地方をメインに、南仏にも養蜂場を持つベルナールさん。巣箱の設置場所を見極めるのも、養蜂家の手腕だ。「やさしい味わいはニセアカシアの"アカシア"とひまわりの"トゥルヌソル"。香り高く味わい深いのは森林の"フォレ"、さらに味が強いのは栗の"シャテニエ"だね。特徴的な味はなく、万人受けするのは、いろんな花の蜜が合わさった"トゥート・フルール"。はちみつは全部、味が異なるんだ」。
　最初はすべて液体状のはちみつも、果糖が多いもの（たとえばアカシア）を除き、結晶化して固形状になっていく。それはブドウ糖が多く含まれるからで、温度などでも結晶化する時期はまちまち。日本の精製された液体はちみつに慣れていた者としては、フランスの固形はちみつに初めはギョッ。でもこれが加工されていない、ミネラル豊かな天然はちみつの姿なのだ。働き蜂がせっせと自分たちのために集めた蜜で作り出す芳醇な自然の甘味料。心していただきましょう。

ベルナールさんの
はちみつを使ったレシピ

pain d'épice
パン・デピス

材料（長方形のケーキ型28×11×8cm）
はちみつ……150g
湯……200ml
アニスシード（または粉末）……小さじ1
砂糖……150g
塩……少々
重曹……小さじ1
小麦粉……300g
マーマレード……200g
バター（型用）……適量

作り方
1. 湯にアニスシードを入れ、しばらく置いて煎じる。アニスを漉してボウルに入れ、砂糖、塩、はちみつを加えて混ぜ合わせ、温度を下げる。
2. ①に重曹を加えて混ぜ合わせ、さらに小麦粉、マーマレードを加えてよく混ぜ合わせ、30分〜2時間ほど寝かす。
3. オーブンは150度に熱しておく。
4. ケーキ型にバターを塗り、②を注ぎ入れる。
5. オーブンに④を入れ、約1時間焼く。
6. ⑤が焼けたら型から取り出し、生地を落ち着かせるため冷ます。食べるときに温めてもOK。

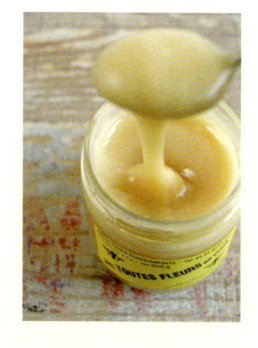

アルザスとブルゴーニュ地方の名産として知られるスパイス入りパン、パン・デピス。クリスマス市では、いろんな形で色づけされたビスケットバージョンが見られる。スパイスの配合は地方や家庭によってさまざま。はちみつもたっぷり使うことから、はちみつ屋でも必ず見かけるアイテム。油脂分を加えないため、バターをたっぷり塗って食べるのがいち押し。乾燥しやすいため、しっかりラップに包んで保存を。

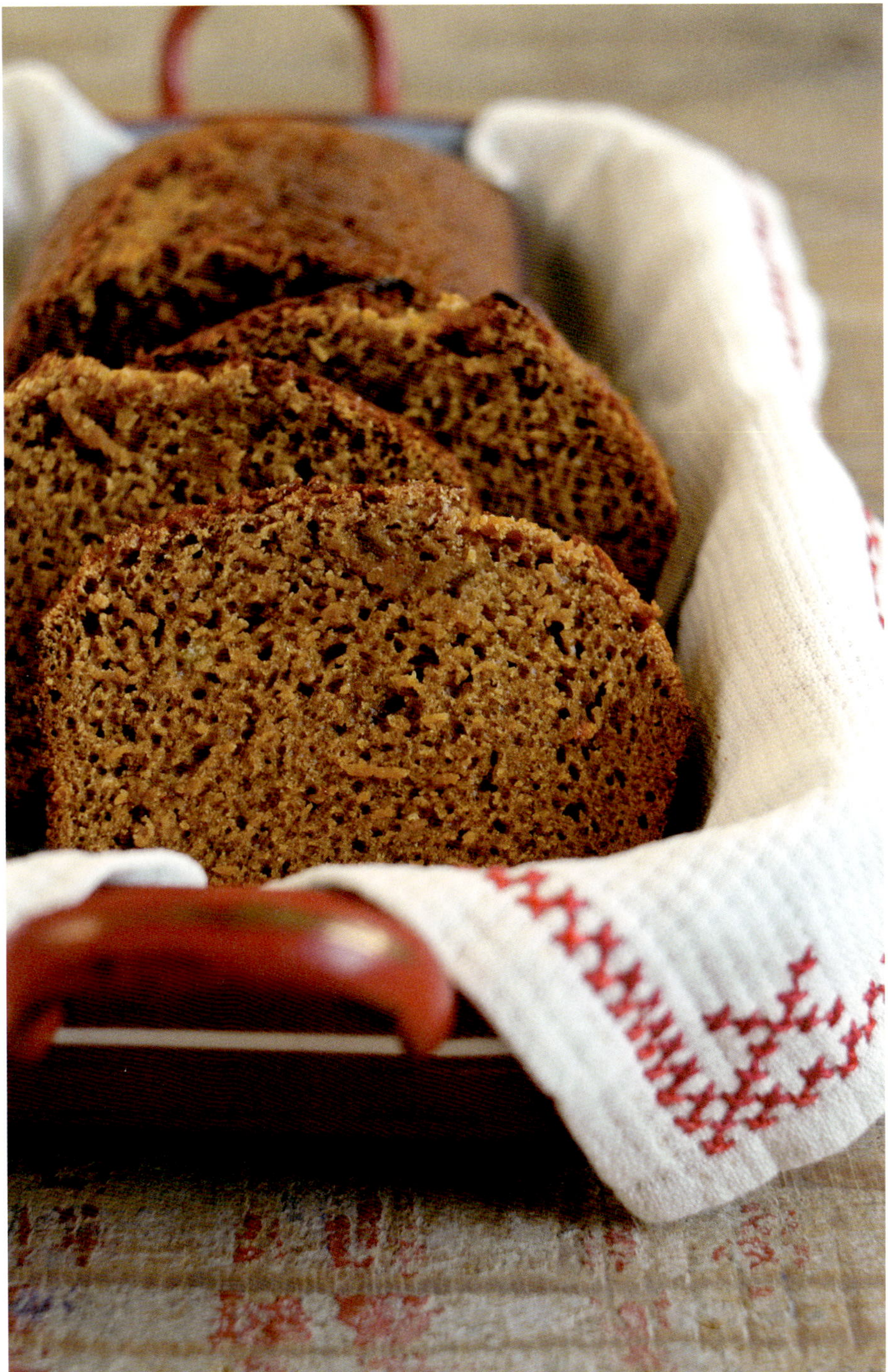

マルシェで買いたい
オススメおみやげ

本書の中で紹介したスタンドで見つけた、
おみやげにお持ち帰りしたいアイテムをご紹介。
なんだろコレ？と興味をそそられる変わりものから、
少しずつじっくり味わいたい手作りものまで、
マルシェには気になるものがまだまだいっぱいある！

confit de vin

ソーテルヌワインのコンフィ
1瓶(95g) 10ユーロ

ボルドー地方の貴腐ワイン、ソーテルヌで作られたゼリー。甘いワインの香りを楽しみながら、フォアグラとともに食し、フランスの美食を堪能。(ジャン・マリーさんのスタンドにて→P134)

court bouillon

クール・ブイヨン
1袋(350g) 8ユーロ

ゲランドの粗塩と野菜、海藻、ハーブを乾燥させて混ぜた即席ヘルシーの素。スープに加えたり、水で戻してサラダに活用もできる。(ミッシェルさんのスタンドにて→P124)

confiture de fruits

フルーツジャム
1瓶(340g) 5.90ユーロ

約30種類あるフルーツ味たっぷりの自家製ジャムの中、ルバーブといちごのミックスが一番のオススメ。写真はアンズとカシス。(ジャン・フランソワさんのスタンドにて→P12)

crozets

クロゼット
1袋(400g) 4.90ユーロ

サヴォワ地方のそば粉の小さな乾燥パスタ。20分ほど茹でてクリーム、牛乳、チーズをかけ、オーブンで焼いて食べるのが一般的な料理法。(ナタリーさんのスタンドにて→P106)

はちみつ見本
1袋(10個入り) 6.50ユーロ

アカシア、ひまわり、森林など10種類のはちみつを詰め合わせた、お得なパック。いろんな味を試してみたい、欲張りさんに持ってこい。(ベルナールさんのスタンドにて→P138)

échantillons

chèvre aux noix

シェーヴル・オー・ノワ
1個（約200g）3.40ユーロ

フレッシュなシェーヴルチーズにくるみを混ぜ合わせたハート型のチーズ。小さく切ってサラダに加えたり、これだけでもワインが進む、進む。（シルヴィーさんのスタンドにて→P20）

mont d'or

モン・ドール
1箱（475g）10.45ユーロ

9月〜5月限定販売、フランシュ・コンテ地方の牛乳で作るAOCチーズ。とろけるチーズはすくって食べ、あとは白ワイン少々を加えてオーブンで焼いてフォンデュに。（ナタリーさんのスタンドにて→P106）

miel de châtaignier au noix

くるみの栗のはちみつ漬け
1瓶（250g）5ユーロ

栗のはちみつの豊かな香りと独特の風味がついたくるみ。そのまま食べたり、アイスクリームにのせたり、お菓子作りにも使えそう。（ベルナールさんのスタンドにて→P138）

tomme de chèvre

トム・ドゥ・シェーヴル
1/2個（約300g）15ユーロ

6カ月も熟成させるビオロジックの山羊のチーズ。分厚いグレーの皮に覆われた硬い白い身は、シェーヴルとは思えないコクのある味わい。（ブノワさんのスタンドにて→P102）

パリのマルシェのレシピ
2009年5月30日 初版発行

執筆・調理・撮影
酒巻洋子

編集
新紀元社編集部

アートディレクション・デザイン
漆原悠一（スープ・デザイン）

イラスト
ユカリンゴ

発行者
大貫尚雄

発行所
株式会社新紀元社
〒101-0054
東京都千代田区神田錦町3-19 楠本第3ビル4F
Tel：03-3291-0961／Fax：03-3291-0963
http://www.shinkigensha.co.jp
郵便振替 00110-4-27618

印刷・製本
東京書籍印刷株式会社

ISBN978-4-7753-0708-3
©Yoko Sakamaki 2009, Printed in Japan
乱丁・落丁本はお取り替えいたします。
定価はカバーに表示してあります。